刘胡兰

LiuHuLan

朱 强 编著

百花洲文艺出版社
BAIHUAZHOU LITERATURE AND ART PRESS

刘胡兰
LiuHulan

目录
CONTENTS

前 言

1932年10月8日，刘胡兰出生在山西省文水县云周西村一个贫苦农民家里。刘胡兰生下来的时候不叫刘胡兰，按她奶奶的意思，为了吉利，给她起了一个名字叫富兰子。但是，她家并没有因为叫她富兰子而富裕起来。

云周西村在山西省太原市的东南边，汾水河绕过太原，一直流到这里。云周西村是个很不起眼的村子，它的东面是太岳山脉，西边是吕梁群峰，这里是一马平川，盛产小麦、棉花，是个金不换的好地方。可是，以前村东的好土地都让地主富豪霸占着，贫苦农民只能租种村西的贫瘠土地，给地主打长工或短工，有时还得背井离乡、逃荒要饭，村东村西形成了一个鲜明对照。

刘胡兰的爸爸刘景谦、爷爷刘起成一年四季都起早贪黑干活，春天刨盐土，秋天打短工。刘胡兰的大伯在昔阳县一个杂货铺当勤杂工，奶奶是个过日子的能手，整日纺线织布，管家很严，谁要把小麻油灯的灯捻挑大一些，她就要说几句。可全家人勤劳节俭，也只能勉强度日。

刘胡兰的降生并没有给这个家庭带来一点生气，只是给这个家庭添了一张嘴。后来，刘胡兰又有了一个小妹妹爱兰子，妈妈在月子里又得了病，一天比一天重。家里揭不开锅了，没办法，借了地主石廷濮3袋"驴打滚"的高粱。后来地主石廷濮害怕红军来了"共"他的产，就发话给向他借贷的穷人提前还债。刘胡兰的爸爸、爷爷没钱还债，只好到外地去躲债，妈妈的病也越来越重，只有奶奶一个人硬着头皮应付。只要院门一响，奶奶就心神不定地说："怕是催命鬼又来了，这欺杀人的'驴打滚'。"什么是驴打滚呀，4岁的刘胡兰一直闹不清。有一次，刘胡兰实在憋不住了，就脆生生地问奶奶："什么是驴打滚呀？"奶奶给她解释说："驴打滚就是借财主家一升粮食，还的时候就要给两升。这次还不起下次就得还四升，越滚越多。"刘胡兰一听，气得小脸一扬，说："咱们不还他！"奶奶听了苦笑了一下说："那还行，人家有钱有势，谁要是拖欠不还，不是把人扣到大庙村公所，就是用绳子捆到衙门，穷人谁惹得起啊？"刘胡兰还不甘心，紧接着又问："那红军也惹不起他吗？"奶奶想了想说："肯定惹得起，要不石财主为什么一听说红军要来，就赶紧催债呢。""嘿，红军真好呀，红军来了就好了。"这时，奶奶侧耳听到西屋好像有什么动静，就吩咐刘胡兰："怕是你妈又难受了，快去问问她喝水不？"

妈妈已经好几天不吃东西了，奶奶从一个小瓦罐里掏出两个积攒下准备换盐换醋的鸡蛋，做了一碗蛋汤。妈妈端起热乎乎的蛋汤，刚送到嘴边，看见爱兰子眼珠紧盯着碗的样子，就把碗放下，难过地说："富兰子，妈不想吃，你和爱兰子喝了吧！"刘胡兰赶紧说："妈，我不喝，我吃饱了。""你吃饱了？"妈妈看着刘胡兰消瘦的脸颊，心里一阵酸疼！她又说："听妈的话，你喝两口，剩下的喂给爱兰子吧！"刘胡兰还是没喝，双手端着那碗蛋汤，看看妈妈，又看看妹妹，然后送到了爱兰子的手上。

就在这时候，院子里一阵脚步响，石廷濮的狗腿子又来逼债了。奶奶为难地说："家里又揭不开锅了，你叫我拿什么还债，富兰子她妈病成这样，也没钱治……"不等奶奶说完，狗腿子贼眼珠一转，看见爱兰子碗里的鸡蛋汤，冷笑着说："哼，装穷叫苦，这是什么？"说着，直冲爱兰子走来。爱兰子急忙用手护碗，蛋汤全洒了。爱兰子哇哇地哭了起来。刘胡兰实在气不过，把脸都憋红了，猛跑过去冲着石廷濮的狗腿子喊道："你赔我家的蛋汤！"

　　一天下午，刘胡兰的妈妈忽然病重，又咳又喘，还直说胡话。家里只有刘胡兰一个人，她急得不知如何是好。她一会儿给妈妈捶背，一会给妈妈擦汗。忽然，妈妈一阵猛烈地咳嗽，咳出一摊鲜血，刘胡兰吓坏了，忙把大伯母喊来。大伯母把妈妈扶起来，往背后垫了一床被子。过了一会儿，妈妈的脸色才稍微好看一些，她拉着刘胡兰的手说："孩子，妈心里火烧火燎的，想吃点凉东西，给妈买几个梨来吧。"

　　刘胡兰在大伯母那拿了点钱，冒着寒风转遍了全村，一直跑到村外边很远，才买到了梨。刘胡兰手捧着梨，恨不得一步就迈到妈妈跟前，心想："妈妈吃了梨，一定会好的！"可是，当她慌慌忙忙推开院门时，听到的是一片哭声。她忙冲进屋，一看，妈妈直挺挺地躺在床上，闭上了眼睛。"妈妈，你要的梨买来了！"刘胡兰边哭边把梨塞到妈妈的手上，可是妈妈已经永远离开了她。

她心中的榜样

　　有一位年轻的共产党员，在刘胡兰心中成了她一生学习的榜样，对刘胡兰走上革命的道路，为共产主义事业献身，起了直接作用。这位共产党员就是19岁的县长顾永田。

　　1937年发生了卢沟桥事变，日本帝国主义对中国发动了侵略战争。1938年2月，日本侵略者占领了文水县城，老百姓无不愤恨，日夜盼望着当年的红军打回来抗日。

　　这一天，文水城里的几十个日本鬼子杀气腾腾地出了城，朝云周西村开过来。鬼子刚走到大象镇，突然从公路附近的庄稼地里,闪出一个高大英勇的八路军年轻指挥员。只见他那手枪柄上的红绸一闪，早已埋伏在公路两旁的八路军战士就像猛虎一样扑向敌人。顷刻间枪炮声、杀敌声震天响。经过一场激烈的战斗，敌人被消灭了。"八路军打胜仗了！八路军打胜仗了！"胜利的消息传到云周西村，人们奔走相告。胡兰子问爸爸："八路军是什么？""听说就是当年的红军！"刘胡兰高兴得拍手说："好哇！红军来了！"听人说，指挥打这一仗的人名叫顾永田，才19岁。刘胡兰心里挺奇怪，19岁才多大啊，有这样大的本事！云周西村的群众非常感激八路军，感谢共产党，都想见一见顾永田，大伙说："要不是顾永田带领八路军消灭了鬼子，咱村可就遭大难了。"

　　1938年6月的一天，顾永田真的来到了云周西村。原来是前不久，文水县成立了抗日民主政府，顾永田当了县长。

　　刘胡兰多想看一看这位19岁的八路军县长啊！

　　顾永田在云周西村召开了群众大会，刘胡兰在人群中挤啊挤，终于从人缝中看到这位年轻的县长。他身穿灰军装，腰扎宽皮带，腰里别着一支手枪，特别使刘胡兰注意的是顾县长那支手枪柄上的那块红绸子，一飘一扬，好像一团火苗。刘胡兰看着看着，忽然觉得这个人很面熟。原来，上午她路过观音庙时，正碰上村长徐照德和农会秘书石进芳陪着几个人从庙里出来，其中就有这个年轻人。他们边走边谈，刘胡兰没听太清楚他们说些什么，只听那个年轻的八路军说："我没什么，只不过是人民的勤务员。"第二天，刘胡兰刚出大门就碰上了秘书石进芳，刘胡兰问道："进芳叔，顾县长怎么又当勤务员了？"石进芳听了，想了想笑着说："那是打个比方。顾县长的意思是革命干部不能像旧社会当官的那样，骑在人民头上作威作福。革命干部应当勤勤恳恳为老百姓办事，要像勤务员那样，听懂了吗？"刘胡兰听了，才明白什么是人民的勤务员，她想："我长大了也要像顾县长那样，当人民的勤务员。"

这个年轻的共产党员顾永田成了刘胡兰向往和学习的榜样。可是，这样一个受人敬佩、英勇无畏的共产党员在一次战斗中牺牲了。1940年春节，家家户户门上都贴上春联，刘胡兰和妹妹爱兰子穿上了花棉袄。大年三十夜，人们都在高高兴兴包饺子过年的时候，日本鬼子出来扫荡了。

顾永田果断地指挥队伍阻击敌人，掩护村里群众转移。战斗非常激烈，整整打了一天一夜，消灭伪警备队和日本鬼子30多人，群众已安全转移，战士们都恳切地劝县长赶快撤下去，但是，他命令战士们说："立即转移，我来掩护！"战士们安全转移了，顾永田和留下来打掩护的同志还在坚持战斗，顾永田已经身负重伤。敌人冲上来了，他把一颗颗仇恨的子弹射向敌人，忽然，他那枪柄上的红绸当空一闪，接着就沉重地落了下来，顾永田为革命胜利，为战友和人民的安全献出了自己年轻的生命。

云周西村的群众为顾县长的英勇牺牲而沉浸在悲痛之中，刘胡兰更是哭得伤心，顾县长那年轻的面容，那洪亮的声音，"我只不过是人民的勤务员……"在刘胡兰心里无法磨灭，她恨死日本鬼子和汉奸了，于是她找到村里的干部，对他们说："一定要为顾县长报仇！"

偷偷去上妇训班

1945年8月15日，日本投降了，9月1日文水县城解放。10月，吕雪梅奉命在贯家堡举办全县妇女干部训练班。

这天傍晚，刘胡兰和妹妹从地里摘棉花回来碰见金香。金香高兴地说："富兰子，我要走了，学习去。"刘胡兰忙问："是不是去妇女训练班？"金香点点头。"咱们村还有谁？""张月美、李明光、闫芳珍。""有没有我？""没有。"刘胡兰不吭声了，心想，是自己不够条件，还是把我漏掉了？不行，这学习机会难得，不能轻易放过。刘胡兰找到了吕梅，才知道本来村里参加训练班的名单里有刘胡兰的名字，但是后来她家里特别是她奶奶不同意，所以取消了。刘胡兰问吕梅："梅姐，我够不够条件？""当然够，只要你们家里同意，我这个训练班主任举双手欢迎！"

刘胡兰心里有了底，就下定决心要去参加妇女训练班。她一宿没睡好觉，前思后想，自己从小没离开过家，没离开过奶奶，真有点舍不得，可是这次机会难得，反正就四十来天，学习好了，还是要回村里干革命的。奶奶会原谅的。天亮了，刘胡兰早早就起来，打扫完院子，又为家里做好了早饭，吃完饭，刘胡兰虽然急着要走，还是耐着性子把锅碗都洗了，又跑到北屋看了看奶奶，然后对奶奶说："奶奶我有一点事，可能一时回不来。"说完，就飞也似的跑了出去。她朝东北方向跑了二里地，终于赶上了金香她们。云周西村的那几个学员吃惊地问："胡兰子，你奶奶知道了怎么办？"刘胡兰大声说道："不怕，革命嘛，怕啥！"

来到贯家堡妇女训练班，吕梅看到刘胡兰吃了一惊，刘胡兰心里也直打鼓，怕不收她。吕梅看出了刘胡兰的心思，和蔼地说："既然来了，就安心和大伙一块儿学习吧,你家里的工作由我们来做。"说完,吕梅又拿出一张学员登记表让她填上名字。刘胡兰一看收下了她,高高兴兴地拿过来要写上自己的名字。她拿起笔迅速写了一个"刘"字,正要写第二个"富"字时,笔忽然停住了。她仰头思索了一下,然后端端正正地写上了自己的名字。吕梅拿起来一看,只见上面写着"刘胡兰"三个字,就吃惊地问:"怎么,改名字了?"刘胡兰认真地说:"嗯,'富'字不好,听我奶奶说,当初生下我,家里想讨个吉利,才叫我富兰子,可我不喜欢。'胡'字是我妈的姓,所以我就叫'刘胡兰'吧!"

这一天,秋高气爽,妇女干部训练班集中在贯家堡打谷场上举行开学典礼。典礼刚刚结束,只见一个中年农民推着一架独轮车,车上走下一位老太太,边走边喊:"富兰子,我的富兰子在哪儿?"刘胡兰来到训练班以后,村里的地主婆二寡妇造谣说,听说富兰子一去就穿了八路军装,过两天就开拔,要和男人们一块去打仗,可不得了,枪炮子是没长眼的啊!这样,刘胡兰的奶奶就让儿子推着独轮车来找富兰子了。

吕梅一边叫人去找刘胡兰,一边给老奶奶倒上开水,还张罗着给做饭,老奶奶见不到孙女,不喝水也不吃饭,吕梅只好亲自去找刘胡兰。刘胡兰躲到房东大嫂的东屋里,说什么也不去见奶奶,对吕梅说:"梅姐,你知道奶奶从小最疼我,平常我听她的话,这回说什么我也不听,别的事好说,参加革命是件大事,说什么我也不依。我奶奶思想还不开通,总希望我不要离开家,可是,八年抗战,我们吃了多少亏,遭了多少罪,干革命就要下决心。"吕梅被刘胡兰的一番话感动了,答应好好做她奶奶的思想工作。吕梅陪着刘胡兰的父亲和奶奶一边吃饭一边解释、讲道理。当奶奶知道刘胡兰学习完,还要回村里工作,才知道要上前线的话是胡编的谣言,这才放下心里这块大石头,又看到训练班的姑娘、媳妇们出来进去高兴地唱着歌，就对吕梅说："梅子，这回我放心了，富兰子就托付给你们了。"

妇女训练班结束以后，刘胡兰回村里担任了代理妇联主任，在村里搞宣传，办冬学，组织妇女做军鞋，工作非常出色。1941年5月，在她实际年龄只有14岁时，党组织经过研究讨论，一致同意吸收刘胡兰为中共候补党员，等她年满18岁时再转为正式党员。

怕死不当共产党员

　　1947年1月11日，因为刘胡兰的处境已经非常危险，上级决定要刘胡兰立即转移到西山。这天，天快黑的时候，许区长带着几个武工队员来到刘胡兰家里，通知她上西山，并约好第二天上午在北齐村接头。

　　1月12日早晨，刘胡兰把要带的东西收拾好，看见洗衣盆里泡着爸爸和妹妹的衣裳，就要动手洗，正在烧火做饭的妈妈说："胡兰子，衣服留着我洗吧，你再包些咱院枣树的红枣，让北山的同志们也尝尝。"刘胡兰的爸爸一边抽着旱烟，一边不断地叮嘱着："胡兰子，你可要记住，到了山里，向同志们问好！就说我们盼着大伙早些打回来。可别忘了啊！"说完，他出门挑水走了。妹妹爱兰子看到姐姐要走，眼睛里涌出了晶莹的泪花，胡兰子见了说："爱兰子，怎么拉？儿童团员还兴哭鼻子？""谁哭了？我没哭。姐姐，你这一走，什么时候才回来？"刘胡兰认真地说："很快，一过冬天，等草绿了，花开了，我跟咱部队一起回来。到那时候，我就给你讲很多很多小八路打仗的故事。你说好不好？"爱兰子听了笑着说道："好，好姐姐，我等着你。"

　　姐妹俩正谈得亲热，父亲忽然慌慌张张挑着两半桶水进来，着急地说："胡兰子，今天有点不对劲，天不明狗就叫，刚才又有生人在咱家门前探头探脑，可能是敌人又要搞突然袭击，你现在就走吧。"刘胡兰还不知怎么回答呢，一阵急促的敲门声传来，她连忙开门，一看是金香。金香脸色都变了，上气不接下气地说："胡兰姐，狗子军把咱们村子给包围了，你快躲躲。"

　　刘胡兰一惊，只听街上有人边敲锣边喊，让人们都到村头观音庙前场子上集合，国军长官要训话，谁要不去，按通共处理，乱棍打死。

　　妈妈胡文秀想了想，对刘胡兰说："你先到金忠嫂子家里躲一躲，那里不会有人去。"原来农村有个习俗，妇女坐月子的人家，门环上系上红布条，一般人就不会进去了。

　　刘胡兰一进金忠嫂子的家，见里面全是人，就又出去了。刚到街上，迎面就遇到匪兵赶着一群老乡走过来，刘胡兰看走不掉了，就跟着人群来到观音庙前，正挤挤撞撞时，突然有人拉了她一把，一看，原来是妈妈和妹妹，妈妈着急地问："你怎么也来了？""金忠嫂子家里人太多，我怕连累了她。"

　　这时，一个复仇队员金川子走了过来，他原是大象镇的民兵后来叛变了，恶狠狠地说："刘胡兰，今天你可要当心，待会儿向你问话，你可得老实说，否则就别想过关。"

　　刘胡兰瞪了他一眼，预感到今天要发生什么事。等那个复仇队员走了，她便把自己的一块手绢，一个奶奶留下的戒指和一个清凉油盒给妈妈留下来。那块手绢是她的初恋王根固临别时送给她的信物，清凉油盒是她的入党介绍人世芳叔送给她的。不一会儿，几个狗子军端着枪，来到刘胡兰面前，说："你就是刘胡兰吧？我们徐专员有请。"说完就要用手拽，刘胡兰一甩手说道："别动手动脚的，我自己会走。"

　　刘胡兰被带进了大庙，跨进西厢房，一张条桌后面坐着一个匪军官，中等个，长着满脸络腮胡子，左脸上有一个黑痣，上面还长着一撮毛，他便是阎匪军第72师第215团1营的特派员张全宝，旁边站着匪军二连连长许得胜。

　　审问开始了：

　　"你叫胡兰子？"

　　"我就是刘胡兰。"

"好！我就喜欢这样的痛快人。现在，有人供出你是共产党员！"

"我是共产党员！"

"你们村还有谁是共产党员？"

"就我一个！"

"你们区上还有多少共产党员？"

"就我一个！"

"不能吧！那么大一个区，怎么只有你一个呢？你不说我们也知道！"

"知道，还问我做甚！"

"近来，你给八路军办过什么事？"

"只要我能办的，甚事都办过。"

"你难道不知道做共产党要杀脑袋吗？你小小年纪就不怕死！"

"怕死就不当共产党了！"

大胡子看硬的不行，就又来软的，说："我看你年纪轻轻，怪可怜的。这样吧，你要把你了解的说出来，我就不为难你，还给你地，给你钱。"

"你就是给我个金娃娃，也甭想让我告诉你们！"

这时，匪军二连连长许得胜沉不住气了，他挥着手中的皮带喊道："你别不识抬举，老子崩了你！"大胡子一使眼色，制止了他，又换了一副腔调说："这样吧，等会儿开大会，你只要在众乡亲面前认个错，说你参加共产党是受骗的就行了。"刘胡兰听了，气得满脸通红说："呸！办不到！"这下，大胡子恼羞成怒了，对匪兵一挥手说："带出去！"

庙前的广场上，被捕的石三槐、石六儿、陈树荣等六人被五花大绑着，人们默默无言，怒目而视。匪军把刘胡兰一个人放在另一边。

匪军特派员张全宝声嘶力竭地喊道："谁要同共产党员一条心，就乱棍打死！"他又指着石三槐他们六人问道："他们是好人还是坏人？""是好人！"场上突然爆出一片吼声，把张全宝吓坏了，就命令匪军："抬家伙。"几个匪兵抬上来三口铡刀。敌人先把石三槐带上来，石三槐昂然走出，大声说道："乡亲们，我知道是谁出卖了我们……"这时，叛徒石五则害怕把他的名字说出来，举起大木棒打在石三槐的后脑上，石三槐被打倒，抬到了铡床上，鲜血喷洒在洁白的雪地上。接着，石六儿、陈树荣、石进辉、张年成和刘树山也被敌人残酷地杀害了。六位烈士的鲜血染红了铡刀。

大胡子特派员张全宝走到刘胡兰面前，吼道："你自白不自白？"这时，刘胡兰的心都碎了，但是，她毫不畏惧地说："要我自白办不到！"

"你才15岁，难道你就不怕死？"

"怕死不当共产党，我死也不自白，决不投降！"

张全宝气得直打哆嗦，许得胜也慌了神，大喊道："机枪，准备射击！"刘胡兰挺身上前，喝道："别向乡亲们开枪，我咋个死法？"

刘胡兰毫不畏惧，在穷凶极恶的敌人面前，她从容地躺到铡刀下，壮烈牺牲，时年15岁。毛泽东主席亲笔为刘胡兰题词："生的伟大，死的光荣"，并号召全国人民学习刘胡兰的英雄事迹。

红色土壤

文水只是山西辖区范围内的一个小县，如昆虫背上的一条斑纹一样不明显，这样的斑纹在昆虫背上星星点点，数不胜数。并且，彼此间又很像，让人简直无法区分。

幸好文水县这个地方出过几个名人，女王武则天、宋朝的名将狄青都出在这。

武则天和狄青的内心都是有能量的。一个女人已经活到67岁了，还要坐到龙椅上去指点江山，并且指点得风生水起；狄青这个人身材魁梧，像一株大树，姿态雄伟，胸襟又十分广阔，生来就是个做大将军的料。

唐朝过去了，宋朝也过去了，元明清都过去了，时空一晃便是千年。文水县在这其中看上去有点沉寂，连它自己也觉得很有必要孕育出一个能让大家的眼睛一亮的人物来。于是女英雄刘胡兰来了。时间孕育出这个娇小的女子，命运对她来说是不公平的。她只活到15岁，生命便戛然而止了，但对于文水来说，这无疑是等了一千年唯一的惊喜。

文水县地处晋中，是一个小得不能再小的地方，但就是面对这样一个芝麻粒大小的坐标，还可以再把镜头伸进一些去。你定定神，视线里的那个叫云周西村的点就变得清晰起来。

这个村子的风水很不错。东面的大地隆起一道道皱褶，山脉向两旁拉伸，形成一道结实的屏障，让这个村子看上去像坐在一把靠背椅上。不仅如此，它还是祁县、交城、文水三县的一个结。这三个县就被云周西村系在了一起。

那个时候的刘胡兰其实叫什么名字都不重要。

　　她既可以叫刘小二也可以叫刘小三。因为她的位置太卑微了，卑微到和地上的草芥一样。凡是地上的草芥都是任人踩踏的，没有谁在乎她叫什么。

　　胡兰的父亲刘景谦，景谦这名字是村塾里的一个老先生帮忙起的。刘家世代都是耕田种地的农民，没有谁认识字，更别提能够起出这么有蕴含的名字来。"景"可理解为仰慕，"谦"，说的是谦卑。

　　景谦从小就按照名字的寓意来要求自己。他为人既憨厚，又老实，干的活比谁都多，从来不埋怨。脸长长的，眼睛清亮而有神，胳膊鼓起来像是两块硬硬的生铁。景谦还有一个哥哥，叫广谦，胡兰管他叫大爷。大爷在别处叫伯伯，但在文水大家都叫习惯了。广谦曾经在交城县的一家杂货铺打工，那店铺开在一个十字路口，平常来往的人很多。广谦就是这个店堂的伙计，应付着店堂里每天的细杂琐事，算是见过一点世面。广谦和景谦都很听话。尤其是老母亲的话，简直就是一道道圣旨。圣旨可以把任何的道路扫平，也可以把任何既定的规矩颠覆过来。当然老母亲没有这么霸道。她兢兢业业地尽着一个母亲该尽的职责，还是做黄毛丫头的时候，她就从东村嫁过来。所有的时间都花在了这个家的建设上。

　　刘家的房子很简单。一共三间，都是土房子，竹篾架子上敷一点泥巴，屋顶铺稻草，曾经被大风掀翻过几次。幸好景谦懂一点泥水匠的活，于是风就和这个男人的巧手玩起了某种有趣的游戏。

　　这几个屋子单独坐落在一个山崖下面，坐西朝东。开门可以看到一抹青绿的远山。长长的弯弯的青青的，很像战国时候的女子额前的那两条黛眉。开门还有两棵大桑树。每年春天两棵大桑树都是一个粉刷匠，用绿色把这两棵树喂得饱饱的，让它们看上去像两座小山丘。另外，刘家还有十几亩田地，每年可以收一些粮食。不过大多数是挑到地主家里去，自己只留下一小部分，仅够糊口，种地在那时候也挺体面。士农工商，地位仅次于士子。历朝的统治者很希望他的子民都能够弓着腰去种一点地，因此故意把农民的地位抬高。腰板一旦佝偻着，目光自然就矮下去，被局限在一个狭小的范围中。这样的话，就很难有心思去关心外面的事情了。而统治者最期望看到的便是这样一种安静的局面，男人们在外面种地，女人们就安心地待在家里面纺纱织布，勤勤俭俭地过日子。遇上好年成，欢欢喜喜的；遇上凶年，搅米糠拌菜也能凑合着过去。

胡兰出生

1932年的10月8日，空气中开始有了点秋味，东山上的彩云像蝙蝠一样盘踞着。喜鹊在门前的桑树上叫了三声。接着屋子里就有了婴儿的啼哭声。整个屋子像一个光源，屋子外许多人的耳朵被这一束光照亮了。

看了一眼，又看了一眼，没错，是一个女孩儿。这个女孩儿的啼哭声一下子就把奶奶的耳膜刺痛了。奶奶这十个月来，一直在跟自己打赌。她赌什么呢，她赌媳妇肚子里的娃是个男娃。尽管她自己也弄不清楚下这个赌的依据在哪，能赢的可能性到底有多大。可是抱孙子的欲望太强烈了。强烈得让她已经没有心思再去多想别的。

可结果她又一次输了。输的代价当然是香火延续的梦又一次被捅破。梦破了还不算，家里又多了一张吃饭的嘴。因为女孩子就是个赔钱货，养大了也是给别人家养的。当然奶奶并没有把这种情绪作用到这个女孩身上，在她的头上毕竟笼罩着一片仁慈的光辉。她之所以愿意看到生下来的是一个男孩，那是因为她要给刘家的祖辈一个交代。刘家的香火在她手上不能说断就断了。可是，这既然已经成为事实，又能怎么样呢。别说是寒门小户的人家，就是钟鸣鼎食之家，有许多后来不都是败的败，亡的亡，就像《红楼梦》里的四大家族。在这样一个个冰冷而坚硬的事实面前，谁又能怎么样呢，除了感慨一下，嗟叹几声，总不至于跑到历史的面前去，戳着他老人家的额头，破口大骂吧。历史始终都是安静的，像一块磐石，它压根就听不见你的詈骂。

看到胡兰是个女儿身，大家的脸上都很不情愿的样子，似乎想让这个女孩儿回到娘肚子里去，再出生一次。

但事实上她已经是个女儿身，生米煮成了熟饭，无论怎样也回不去了。

　　她既然是女儿身，那么就只能做别人的老婆，做别人的母亲，做婆婆，做不了儿子、爹和爷爷。

　　女孩和男孩出生之后，待遇是截然不同的，男孩生下来，被放在床上，玩弄的是璋。璋是什么呢？璋是一种名贵的玉器。女孩子生下来就很随便地丢在地上——弄瓦。

　　生个男娃有多好。等他长大成人，可以置田买地，架屋造房，还能延续香火，一举多得，何乐不为。但事实上，这事情并不是你想"为"就能"为"的。既然是女儿身。没能给这个家庭带来什么实际的好处，那么就只有好好地起个名字，把她当作吉利神，算是给大家精神上的一点慰藉。可是名字起什么好呢？

　　家里目前最缺什么就起什么。家里现在最缺的是钱，所以就很自然地起名叫刘富兰。钱能够把瓦上漏雨的缝隙给修好，可以把一床精美的绣花搬过来，还可以使碗里盛满香喷喷的米饭。

　　这些年来，外面的社会一直动荡着，小户人家始终在苦难与贫穷的两只大手上翻来覆去。人的内心被巨大的阴影笼罩着。数不清的苛捐杂税和劳役压榨使这个家庭简直没有办法喘过气来。胡兰的父亲刘景谦，虽然是种地的能手，但是在地主的残酷压榨之下，干瘦着，横竖看都像是一具生产粮食的机器。

酸甜苦辣

有关童年的事总是像钉子一样扎在胡兰的记忆里。胡兰的童年中最难忘的是一碗饭。当然母亲也是回忆中不可缺席的主角。

胡兰的母亲，是一位普通得不能再普通的农村妇女。说起来恐怕没有人信，她一生连个名字都没有。因为她出生在何家庄，所以大家都管她叫何家人。就是这样一个在世人看来平庸的人，却铸就了胡兰生命中最为珍贵的东西。

母亲慈爱的印象是在她的一次病痛中树立起来的。朦胧中，胡兰的身子热得烫人，母亲心疼得把胡兰抱在怀里，带个一端有节的茅竹筒，来到祠堂里打粥。临到打粥时，母亲说话了：我儿发高烧，可不可以给她装点粥回家去吃？见此情景，大师傅二话没说，就把竹筒舀满了。

粥虽说是"洪湖水，浪打浪"的，但母亲还是很感激地说了一声：谢谢！回家后，放在桌上的茅竹筒让猫给撞倒了，稀粥洒了一桌子。母亲赶紧一点一粒小心翼翼地将稀粥捧起来，放回茅竹筒里。

由于家中没什么经济来源，家中有上顿没下顿的事情经常发生。就算是有一顿，也因为母亲每次煮饭时都要抓起一把米，说是防饥，然后从中加进一堆野菜。到了吃饭时，大家只能是数米饭。

那天下午，胡兰家中来了一位脸上有几粒麻子的高个子。母亲对她说：快叫二哥。原来他是胡兰在城里上班的叔伯二哥，只见他将手里端着的一碗米饭送到胡兰的手中。饿得骨瘦如柴的胡兰，一吃到这碗又软又甜又香的大米饭，内心就柔软起来，当她如狼似虎地把饭吃完之后，还不知道自己究竟吃进去的东西是什么。母亲告诉胡兰：那是一碗糖拌糯米饭。从此，胡兰记住了，并发誓，长大后一定要让母亲也能天天吃到糖拌糯米饭。

第二年，农村饥荒闹得更厉害，附近不少地方都饿死了人。这时的胡兰，也开始懂些事了，有时跟大点的伙伴到外面玩耍时，往往会和他们一样，随身带着一根一头扎了根木棒的铁丝和一个小布袋子。在玩的时候，每当看到别人吃完西瓜扔掉西瓜皮时，大家就会争相去捡，当然是谁先看到的谁得。西瓜皮用铁丝串好，捡回家就是家中的一盘上等好菜。

每当胡兰吃着这么香喷喷的美食时，邻居家的小孩看到就会垂涎欲滴。这时，母亲就会将自己碗中的"拳头丸"送给邻居家的小孩子去吃。

后来邻居家的小孩总是跟随着胡兰，童年的日子是她最为留恋的时光。这不仅仅是因为无忧无虑，还因为可以结交到很多朋友。万建新、万小明、龙浪顺等同学就是那时胡兰认识的几位几乎形影不离的好朋友。都说早餐这顿饭对一位学生来说非常重要，可那时的胡兰却因为家中常常揭不开锅而往往无缘问津。

最让胡兰难以忘怀的是那个叫小猫的小伙伴，凡是他家里有了好菜好饭时，总是邀请她到他家中去饱吃一顿。尤其是他的父母还常常会叫胡兰多吃些。这样的大餐对于胡兰这个穷孩子来说，真是做梦都不可能想象的。而这样的待遇，一直持续了几年。儿时"三节"（端午节、中秋节，春节），那是小孩儿最为盼望的日子。因为只有在这些日子里，家中才会有鸡蛋和粽子等好吃的东西。一过了这样的节日，还想吃到这些东西那就是白日做梦了。还有一个日子，是胡兰最祈盼的日子，那就是儿时生日。因为每当这天，她都会吃到满满的一"蓝边碗"蛋炒饭。

多灾多难

胡兰两岁多时，妈妈的肚子又一天天地大起来，像慢慢吹起的皮球，这个皮球在衣服里藏着，越看越明显。大家看着她的衣服慢慢地绷紧，像长了脚似的往上爬，大家都知道这个女人又怀孕了。

奶奶看到家里的媳妇有了身孕，又是欣喜，又是紧张。当时，胡兰的大娘还没有孩子。奶奶抱孙子的愿望因此变得更加的迫切了。

她每天都要在菩萨面前烧几炷香，求神送子。当时离家五里地的地方有个小庙。这个小庙管着四方人的幸福与安危，方圆几里地的居民把信仰都存放在这个小庙里，庙里当时有个泥巴塑的菩萨，满面慈光。之前胡兰的太公就做过这个庙的庙老。庙老的职责说神圣其实也很简单，每天早上拂扫神台，防止老鼠偷油吃。尽管祖上积下了这样的功德，命运现在还是有意要捉弄一下这个家庭。它让这个家庭生下的又是一个女孩。如果说男孩子是一株松树的话，女孩子顶多只是一株柳树，柳枝随风招摇，美丽婀娜，但是这个家庭现在不需要美丽婀娜的东西，他们只想要一根顶梁柱，一个能够延续这个家族的命根子。

奶奶的希望像阳光下的肥皂泡一样破灭了。胡兰的妈妈体质本来就很虚弱，一直就是个病秧子，走路像要靠风吹着走，别人说话声音响亮一些就可能被吓到的那种。这个女人说起来也是生错了地方，她应该生长到大观园里去，哪怕在现有的基础上再娇弱一点也不打紧。可是这是寒门小户，身子骨太弱了，简直就是家庭的一个负担。现在加上她又接二连三地生育，在长期的清贫劳累中，身体每况愈下。

尤其是生下妹妹爱兰后，病魔便一天天地缠着这女人不松手。妹妹爱兰出生后，恰好又遇上凶年，地里长出的庄稼都黄瘦黄瘦的。家里穷得叮当响，几乎揭不开锅。

在没有办法的情况下，胡兰家借了地主"驴打滚"的三袋高粱，这三袋高粱可是一粒一粒数着吃的。然而吃了没有多久，三袋粮食就吃空了。

就在一家人为这个而愁眉苦脸的时候，尖嘴猴腮的"驴打滚"大老爷却使唤狗腿子逼债来了。

那一天傍晚，胡兰的爹爹和爷爷没钱还债，事先得到消息，于是只好偷偷到隔壁村子里去躲债，只留下胡兰和奶奶在家里照顾病势危重的妈妈。奶奶和胡兰守着这几间破屋子，听着外面的风像狼一样嘶吼着。每一声嘶吼都让她们的心一阵慌乱。她们恨不得狗腿子早些来到，这样心里也不至于一直这么战战巍巍。这时候，只要院门一响，奶奶就心惊胆战，以为催债老爷来了。

病重的妈妈躺在床上。周围的墙黑漆漆的像有一个什么东西很快就会降临到这个女人的身体里，然后带她去一个隐蔽环境。

她因为吃不下粗粮好几天汤水未进了。看到儿媳妇日渐病重，奶奶便从一个小罐子里掏出了积攒下来准备换盐、醋的鸡蛋，做了一碗鸡蛋汤。妈妈端起热乎乎的碗，刚送到嘴边，看到两个孩子趴在地上，娇小而可怜，就立马把碗筷放下了。

胡兰和爱兰正在长身体，需要补充营养，这汤还是留给她们吃吧。

胡兰妈妈的眼睛迟缓地开启，里面有一道亮光迸射。刺破了屋子里浑浊的空气。懂事的胡兰一个劲地摇头，妈，我们都饱着呢。您病了，要好好养身子，您赶紧趁热喝了吧。奶奶也说，就赶紧喝了吧，她们以后的日子还长。

一碗浓稠的鸡蛋汤，倒映着几张瘦削的面孔。碗在妈妈发颤的手上轻轻晃动，几个人的面孔也被它晃动得乱了。妈妈看着胡兰，良久无言，眼睛里红红的，像有一片湿润的东西要溢出来。

就在这时，幽暗的屋子忽然被一道白光撕破了。门枢咿呀了一声。这个响声把屋子里的安静全部搅乱了。原来是地主老爷的狗腿子逼债来了。

奶奶也不慌乱。这些年来，对她来说，这样的场面已经司空见惯。她知道该怎么应付他们，尽管她手上的力气连一根木棒也挥动不起来，但是这不妨碍她把这几个狗腿子击败。

"家里揭不开锅。正好又有人病了。治病的钱也没有。再给我们一点时间，凑齐了立马给您送去……"没等奶奶说完，狗腿子拿眼睛一瞥，瞅着那碗浓稠的鸡蛋汤说："穷？这是什么！老子面前装个鸟的蒜！"说着一脚就把碗给踢飞了。

胡兰眼睛立马黑了一下。接着就听到瓷片的碎裂声。定神下来，才看到地上的几片蛋花真的像一片片明亮的花开在地上。

奶奶尽管有些气愤，但依然面上很平静："大爷呀，庄稼人都是靠天吃饭。老天赏脸，就吃一粒粮食，一旦让老天不高兴，庄稼人就要饿肚子。再给点时间，等城里的儿子发了月钱，就把三袋粮食给还了，庄稼人说话算数的。"

胡兰憋红了脸。他们除了折磨一下自己，还能怎么样呢？你不可能唾他们一口，狠狠地骂他们几句。连翻一个白眼珠子都有可能遭到一顿毒打，你还能跑过去抽他们两下，踹他们两脚？

这个时候，你的气只能往肚子里咽，不能从鼻孔里、嘴巴缝里溢，这几个狗腿子穿着一身灰衣服，很猥琐的样子，脸上书写着阴险、恶毒与卑鄙的神态。狗腿子拿眼睛环顾了一下这个家，呸的一声。有一个终于说了一句人话：确实够寒碜的。

他们自己也觉得从这个家庭中确实搜刮不出什么东西来。他们拿这个穷家庭一点办法也没有。于是怅怅然的，很无趣地离开了。

胡兰像一株小树一天天地长大着，长大了就要去遮挡外面的风雨。再不能什么事情都由奶奶来操心了。

妈妈病重时，许多事情都落到了她的肩上。扫地、倒痰盂、洗碗，给妈妈打水盛饭，这一切妈妈都看在眼里。做母亲的当然心痛着。心一旦痛起来，眼泪就止不住地往下流。胡兰看着憔悴的妈妈流泪，自己也在一旁哭成了一个泪人儿。眼泪像四注泉水似的默默地淌着。这个家太穷了，就只剩下眼泪了。

病魔纠缠着这个中年女人，让她像一棵断了根的树，一天天地枯槁下去。

她抽搐着，疼痛着。又咳又喘，身体里像有一只捣蛋的兔子，让她始终没法安静下来。

半夜，屋子外凄厉的风声与屋子里的呓语呼应着，胡兰常常被这两种声音扰醒。醒了就再也睡不着了。她知道扰乱她睡眠的并不是屋子外的风声。这些冰冷的风最终会随着冬天的离去而消失的，但妈妈的呓语在她的脑海中始终像一团乱麻。她很害怕。尽管她并不知道自己怕的究竟是什么。

恶毒阴谋

1940年以后，躲在晋西南的阎锡山觉得老是躲在山沟里太没有出息，但是果真站出来又怕被日寇当做冤家给消灭了，加上自己养着的都是些胆小如鼠的兵。这些兵都是从各地招过来的壮丁，上有老人，下有小孩，背井离乡到这里来充军，怨声连连，没有谁敢站出来说自己是真正的男子汉。

左想右想的阎锡山终于找到了一个两全之计。他私下里和日寇勾结，签署了两个协议。一个协议是"互不侵犯"，另一个是"共同反共"协议。互不侵犯说白了就是让鬼子不要侵犯他，他自己连还击的勇气都没有，更别说有胆量去进攻鬼子了。

共同反共是为了迎合鬼子。鬼子看到共产党就两腿打战。鬼子承认自己的头脑确实没有共产党的好用，他们一会儿声东击西，一会儿又从大树的窟窿里飞掷出几枚炸弹来，让他们哭一阵，笑一阵，最后自己哗啦一声，像一根竹竿似的倒下去。确实很头疼。所以鬼子很希望听到"共同反共"的声音。

这样一来，他们的胆子就可以壮起来。确切地说，是因为互相的某种需要，让阎锡山和日寇的关系打得火热。但事实上他们之间始终是分离的，因为使他们联系起来的纽带是利益，完全是赤裸裸的利益关系，他们之间是不可能如胶似漆水乳相融的。日寇感觉到中国人的内部也有他们的一支力量，于是便把大批的兵力抽出来，对我抗日根据地蚕食，同时又在平川里实行强化治安。云周西村的环境就一下子被搅坏了。日军、伪军、汉奸、狗腿子，经常来村子里走走逛逛，把老百姓的日子弄得鸡犬不宁。

妈妈，妈妈

　　这一天太阳还是和往常一样从东山上升起，偷偷地露出一截脑袋，扑通一声就跃出来了。

　　村子里的风在太阳光里舞蹈着，家家户户的门紧锁着。到处都是灰溜溜的，只有墙上那些蓝色标语看上去很新，泛着光，颜色也像是新长起来的，都是阎锡山的人干的。它们像这个村子的异类。人们对它们翻白眼珠子。胡兰一个人走在风地里，她在风里寻找着什么。有许多东西都夹杂在风中。

　　她要寻找的是卖梨人，妈妈想吃梨。卖梨人的吆喝声裹挟在风里，一丝一缕，隐隐约约。

　　她顺着风的方向寻找了一下。卖梨人似乎在有意躲着她。

　　太阳升起来了。她跑遍了整个村庄，终于在一个房屋拐角的地方找到了卖梨人。

　　可是当她兜着梨走到家门口时，看到的却是四处飘飞的白纸。怀里的梨子一个个滚落下来。

　　院子里哭声一片。她的哭声也很快地汇合进去。当她跑进屋子，看到妈妈一动不动地躺在那，她扑通一声跪在了地上，哭声像剑一般把屋顶刺开了一个窟窿。

　　满院子发白的阳光，晒在地上。凄凉。冷。撕心地疼。

　　母亲的手一直都是死死握住的。但她什么也没有握住。

　　美好的青春与内心的灰霾使这个年仅4岁的孩子过早地体会着生死未卜的命运。人间的这些喧嚣与苦难过早接近她。母亲走了，没有给她留下什么值钱的东西。甚至她连母亲的面孔都还没来得及记忆。过早地丧失母爱，使她的内心抵抗风雪的能力无形中要比别的孩子强了许多。

　　别人家的孩子尽管也穷，也吃了不少的苦，但至少可以有一个温暖的怀抱依靠一下。现在她的眉头紧皱着，仇视着什么，又期待着什么。

　　一个四岁的孩子，生命给予她的经历完全超出了这个年纪孩子所能承载的范围，但事实上她还是承受下来了。因为她是刘胡兰，是民族未来的脊梁。

锦囊妙计

有段时间，胡兰看到外面总是鬼子与阎锡山的声音，内心十分的绝望，她不愿意看到那些之前辛辛苦苦建立起来的抗日政权像昙花一样地凋萎下去。

如果这些花果真凋萎了，也就意味着连反抗的声音都没有了。到时大家的头上都将带着一顶亡国奴的帽子。这个帽子太耻辱了，大家的头也会被压得没法抬起来。

后来胡兰才知道自己被蒙在了鼓里，这个脊梁骨挺硬的民族是不可能被这点声音给吓住的，他们不但有骨气还很有智慧。

他们为了保存自己的实力，偷偷地转入到了地下活动。之前的抗日村长黄德义在村头开了一家南杂货店，表面上是做点小生意，给人指指路，顺便接待一下外村来的朋友。其实这个地方是全村的哨所，而这个店老板就是这方圆几里地的地下联络员。

这个村子东面是高山。山上据说还有当年武则天立下的几个石碑，又高又厚，让人看到这个村子的历史原来有那么长。

高山把村子围拢起来，挡住了外面吹来的新鲜的风与各种信息。除了这条小路以外，其他几个方向都是死路。说白了，这个大路口是整个村子的一个关隘。它虽然不是一夫当关，万夫莫开的那种，但是只要出入村子的，都得从这儿经过。

区县干部、武工队员常到村子里来，来的时候，在这里喝一壶茶水，彼此传递两地的消息。

胡兰的外婆家因为和这个老村长是亲戚，所以胡兰偶尔也来店里打打杂，烧水煮饭扫地，做点零碎轻便的事情，顺便赚点饭吃。这样既可以为家里减轻一点负担，又可以认识各种人，接触到各种进步的思想。这个良好的环境感染了胡兰，使她与这个环境达成了某种默契。

日子久了，胡兰就渐渐地被这一群抗日人士的热情与思想感染。胡兰每天把桌子板凳擦得干干净净，抗日干部们都私下里表扬胡兰，说她是个听话懂事有理想的好孩子。

而作为胡兰，从小就对共产党的革命宗旨有了一些了解。那时候她虽然还小，但是凭借一个儿童的思维，她已经认定共产党是为穷苦大众说话，发出的是群众的声音，维护的是群众的最根本的利益。

于是她越来越向往这个团队。私下里她时常能够听到一些关于根据地军民英勇善战、慷慨壮烈的故事。这一片片夺目的红色让她的内心有些按捺不住了。

那一天正下着雨，雨水把空气弄湿了，天空灰蒙蒙的。树叶和青草都格外的绿而且亮，后面林子里的乌鸦叫了几声，声音低沉而嘶哑。房梁上的一只蜘蛛把网织好，正准备去睡大觉。整个环境安谧得像一幅静物水彩。

就在这天，抗日区长张昌凡在离云周西村九里地的李庄被敌人发现了。

老张看到对方人不多就开枪还击，没料到对方的火力太猛，他的左臂被击中，血流了一地，只好弓着腰撤回。但最终还是被敌人捉住了，几个敌兵连拖带拽地拉他去到据点里审问。

张区长满脸大胡子，两腮还有下巴像涂满了墨水，黑乎乎的。人却不凶狠，甚至有些可爱。大家都说他是个好打交道的人。

他为了不当俘虏，不暴露工作情报，就一头撞在了路边的一根大柱子上，没过多久就牺牲了。

事情过去没有两个礼拜，又来了一位新区长。那天早天，公鸡还没来得及打鸣，鬼子就把这个村子包围了，几十个鬼子像螃蟹一样弓着腰摸过来。这里刺两刀，那里碰一碰，害怕有伏兵。

他们到处搜查抗日干部，区公所的两个小通讯员为了掩护区长脱险，就在街上和敌人展开了枪战。为了把敌人引开，就一边往村外跑，一边大声喊叫，结果区长得救了，两个小兄弟却倒在了血泊里。

这两个小兄弟都只有十七八岁，是附近村子里的人，参加革命有好几年了，之前和胡兰也都认识。

那时候这些抗日英雄的事迹时常像胶片似的在胡兰的脑海中一幕幕地上映着，这些革命烈士的品质久而久之也嵌入到她的思想里，让她快速地成长起来。

刚强胡兰

　　胡兰是个生性要强的孩子，对什么都不服输。祖辈流传下来有这样的说法，凡是头顶长有三个旋的，这人的性格就很倔犟。胡兰生下来头上就刚好三个旋。倔犟的性格既可能使人变得蛮不讲理，也可能做事情比别人认真十倍，胡兰就是后者，做每件事情都会给自己设定一个目标，事情没有完成或者没有做好，就雷打不动地继续这项工作。

　　有一次，胡兰的爹卧病在床，家里的煤炭没了，大伯当时又在外面打工。奶奶年纪大了，两鬓都染上了秋霜，腿脚又不灵便。

　　当时炭窑在几里地外的一个山坳里，通往那个山坳只有一条小路，又窄又难走，弄不好还可能遇到毒蛇。

　　那天晚上外面正斜风细雨。当然不是张志和的"斜风细雨不须归"的那种风那番雨。外面湿漉漉的，总不至于让年迈的奶奶推着车去拉炭吧。奶奶腿脚不灵便，手上又没有力气。胡兰虽然还是孩子，但很早她就已经把自己当做是一个大人。既然是大人，就要担起一个大人的义务，她自告奋勇地推荐了自己。

　　奶奶和父亲都极力反对，但最终胡兰还是说服了他们，在门背摸了一把纸伞，牵着驼子挤进了夜色中。

　　路很滑，胡兰的小脚时常陷进泥坑里，每次都要花老大的劲才能把脚给拔出来。她和别的所有孩子一样，也对夜色充满了恐惧，但是她想起那些抗日英雄们高大的身躯，内心的恐惧就一点点地消解了。

　　就这样，恐惧升起来，又被自己强行地压制下去，她终于到了炭窑。

　　奶奶拄着拐杖，牵肠挂肚，肠子都悔青了，后悔刚才不该让胡兰去。

雨水从房檐上落下来，响声把耳朵都堵住了，奶奶等了大概有一个钟头，终于看到一个弱小身影在雨水中摇晃着过来，仔细看，果真是胡兰，心中的这块大石头才放了下来。

这途中还有一个小小插曲。胡兰撑着伞走到村口的时候，正好撞见地主老爷家的马车，狭路相逢，那驾车的车夫见她没有让道的意思，于是就凶狠狠地朝着胡兰呸了一声。

胡兰也没好气地还他一句，路又不是你家修的，就你大老爷能过？

那个车夫因为赶路没时间和胡兰吵，于是很气愤地挥动了一下鞭子，马车飞速地向雨中蹿去。

这个事情像所有的往事一样，过去了就过去了，没有再留下什么。

时间就像一个碾米的机器，什么东西被它碾过去都能成粉末状的东西，但这些记忆死死地吸在胡兰的大脑里，让她感觉到之前的路上有那么多的不寻常。

可爱县长

六支队是一支英勇善战、充满智慧的队伍。这里面个个都是身材魁梧的汉子，身上有股北方人的豪气。

这一次他们在平家沟这个地方和敌人布开了战场。平家沟并不是一条沟，而是一块荒地，杂草丛生。四围有几株大树，每年春天会开一种白色的花，香气撩人，远近都能够闻到，因为这几株树，这个平家沟变得家喻户晓。鬼子开始以为对方只是五六人而已，于是很嚣张地把队伍开进来，以为可以像抓小鸡似的把对方给活活抓住。

哪知道他们这一次，面对的是六支队。六支队是出了名的铁军，不仅仅是铁军，还是水军，像水一样灵活多变。

你进他退，你静他打。让你像个丈二的和尚，一时间晕晕乎乎，摸不着东南西北。鬼子这时候长驱直入，哪知道深入了他们的埋伏圈。

周围是没膝盖的杂草，忽而一个身影从对面杨树上闪过去，鬼子朝那边开了两枪，忽而又一片安静。

乌鸦从树背后嘶哑地呀了一声，鬼子的汗毛都站立起来，等他们惊悚得浑身上下肌肉紧绷发酸，双腿战战时。一片火光从后面林子里飞过来，鬼子一时间像片竹林似的倒下去。没两下，全都给干掉了。

这一战给不可一世的日本鬼子一记响亮的耳光，打破了皇军不可战胜的神话，给抗日军民以极大的鼓励。

这一年，文水县在西山成立了抗日民主政府，新上任的县长叫顾永田。顾县长发了布告，准备在村子里宣传一下当前的抗日形势。还要给老百姓减免苛捐杂税，在各村子改造村政权。

前天夜里驴打滚在床上一直睡不着，睁一只眼闭一只眼地看窗前的大月亮，月亮是越看越怕，好像里面有鬼似的，最后只好翻身面向另一侧睡。驴打滚是村子里有名的地主，吃喝嫖赌样样精通，家里养了一大群跑腿的，整天东家西家收租收粮。

过去办公事的是财主，现在全是贫穷的庄稼汉。村子里还成立了农民抗日救国会、妇女抗日救国会、青年抗日救国会。云周西村到处都在做抗日救国的事，唱抗日救亡的歌。日子实实在在成了老百姓的日子。

顾县长上任不到一年时间就在老百姓中树立了很高的威望，人们称赞说这是个万里挑一的好县长。村子里有人家过去用来供奉神位的地方现在居然供奉起顾县长来了。

1939年春的一天，顾县长来到云周西村，街上的锣才敲了一遍全村上下就沸腾了。

大家听说县长要在槐树场开会，男女老少都积极地去了。

这天胡兰听说县长来开会，吃完饭就急忙洗刷，急得差点儿把一个大碗给摔了。大娘看出了胡兰的心事，就说：你走吧，我来收拾。一听这话，胡兰就放下了手里的活儿，高兴地走出了家门，急急地向着大槐树场走去。她边走边想县长是啥个模样，为什么会有这么能干。她走到会场，会早开了，场子上人群像墨点子一样，四周围墙和树上也都爬满了人。

胡兰从人群缝中挤到前面，这才看到，厂棚前摆了一张桌子，有个人正在演说。演说人穿着军装，打着绑腿，腰里插着一支手枪，枪柄上系了一束红绸布。胡兰心里嘀咕，难道这人就是顾县长？

胡兰看这人眼熟，脑瓜子转了一圈，才想起上午出门在庙会上遇见的那个人。胡兰从他们身边经过时，听见这个穿军装的年轻人说，我们是共产党，共产党就是为人民服务的，我们就是为人民服务的勤务员。

胡兰知道，部队都有个勤务员，那县长又会是谁呢？这个疑问一直在胡兰的心中徘徊不去。

想了好一阵子，胡兰觉得不对，勤务员无论如何也镇不住这么大一个场子，面前的这个人在台上谈笑风生，一点也不像是个勤务员。

胡兰双眉紧锁着。掌声一阵接着一阵翻腾起来，胡兰越想越觉得不对，咂了一下舌头，终于明白了。原来台上的这位就是自己要见的县长。

忽然有几个年轻人因为在兴头上私下里嘀咕起来。周围的人就嫌他们太吵闹了，妨碍到他们的听讲。

有人提出来：小点声议论，听县长的。

胡兰刚才的疑惑被彻底打消了，两只耳朵竖得更高了，像两根接收信号的天线。这时整个会场异常安静，像用清水洗过一遍，干净、透明。任何微小的声音都被这种透明的静放大着。

顾县长的话更是一字不漏地渗透到每个人的耳朵里：一定要认识到的，鬼子迟早要消灭。但这也并不是一件容易的事，打倒日本鬼子要做长期的打算，一时半会儿是很难看到成绩的，毛主席现在教导我们要开展持久战。

胡兰全神贯注地听着县长的发言。

大家听得时而点头，时而把拳头握得紧紧的。有时整个会场会爆发出一阵热烈的掌声，那响声像碎银子般的掉了一地。

她也把手心对准猛地击掌，她的小手拍得红红的、麻麻的，但她一点也不觉得疼。革命的热情在她的身体里涌动着，使她完全忘了什么叫做痛。

台下群众的血液沸腾之后，又安静下来。县长的话又一句一句地响亮起来。

"父老乡亲们呀！我们要想把鬼子赶回老家去，没有自己的队伍一切口号都是空喊。不仅要有队伍，同时也要有粮食做保障。想想看啊，假设战士们的肚子成天挨饿，吃不饱，哪有心思和力气去和敌人搏斗较量。我们虽然不能上前线消灭鬼子，和鬼子拼刺刀，但我们可以种庄稼。县政府现在就决定减租减息，鼓励大家把庄稼地给种好，多出一担粮，多织一卷布，这也是在报国呀，乡亲们说是不是？"

立马下面就钉子一样地说是。

晚上，奶奶、爹爹都在屋子里议论今天的这场精彩的演说。奶奶大字墨墨黑，小字认不得，自己的名字也不知道写在纸上是个啥样子。但是她知道顾县长演说得好。她说这话，并不是出于跟风。奶奶也是个有骨气的人，她恨透了地主老爷，奶奶头上现在还有一道深深的伤疤，几厘米长，她恨透了日本鬼子。

在她的观念中。好人应该保佑活到120岁，坏人必定没有好的下场。爱便是爱，恨便是恨。她爱一个人可以爱到死，恨一个人也可以恨到死。绝不嘴上说一套，背后做一套。

像奶奶这一辈的人，就是这样，活得简单、自在、纯粹，看上去也很清爽、干净。

胡兰从小跟着奶奶长大，简直是一个模子里倒出来的，从头到脚也是这一副脾性。

"顾县长穿着军装，打着绑腿，腰里插着一支手枪，枪柄上系着一条红绸布"，这是刘胡兰心中顾县长的形象。

不仅如此，胡兰还觉得这个男人很帅。

他的这种帅是从骨子里露出来的，并不是从外表上看出来的，真正的帅是装不出来的。他留着八字须，眼睛炯炯有神。身材魁梧高大。

可惜这么个帅气的人只能见这一面，以后就再也没有机会见到了。刘胡兰真的没再见到过他，因为这个高大帅气的男人不久就牺牲在战场上。

那是1940年的春节。空气中弥散着爆竹的烟味，同时也弥散着硝烟的气味。

年三十当晚，为了防止敌人袭击，顾县长亲自带领一队人马，到三道川一带巡逻。果然不出所料，鬼子趁大家过年团聚摸进山里来了。

为了使群众安全转移，顾县长果断地指挥队伍占领有利地势阻击敌人。战斗打响了几小时后，通讯员报告说群众已安全转移，战士们恳切地劝说县长赶快退到安全地带去。

可是这个县长却还是老样子，从来都是先替别人考虑，始终把自己放在最次要的位置上。他点名留下了几个战士，接着开火向敌人扫射。

这几条火柱像一枚信号弹似的暴露了自己，敌人们蜂拥地围拢过来。越聚越多，战士们完全被敌人缠住了。

突然，一梭子子弹像长了眼睛似的追过来，不偏不倚地粘在了顾县长的腰窝子上。他咬了咬牙，继续把枪举起来，对准敌人扫射了一下。

子弹像一个个充满仇恨的爪子抓过去，立马就有几个敌人倒下了，身边的战士也相继倒下了。他继续咬紧牙，敌人像城墙似的围过来。包围圈越来越小，小得前后左右都是敌人了。

顾县长这时把枪柄上的红绸布一甩，只听见一阵轰鸣声，顿时出现了一片火光，然后画面就慢慢的安静下去。原来顾县长早就把手榴弹准备好了。他选择用这种无比壮烈的方式表达自己对这片土地的热爱。

扫荡以后，周围的几个村子都成了鬼子的活动区。时局越来越混乱了，老百姓的日子也是过得战战兢兢。没过多久，云周西村就多出了一个伪公所。这时，以前的抗日村长、农会秘书也时常在村子里露面。而且，他们居然和刘胖子搅和到了一起，共同经营起了大路口的那家南杂货店。

刘胖子是村里出了名的大汉奸。为了生意，这伙人还经常跑到鬼子的据点去进货。这样一来，这一伙人很自然的，就和伪军拉上了关系。

他们时常在杂货店里吃喝玩乐折腾到很晚。原来的抗日村长、农会秘书自然被村民们背地里骂得一塌糊涂，说他们是两面派，到什么山头唱什么歌，吃谁的就谁好。总之什么难听话都骂尽了。

但事实上，他们自己是清楚的。他们是要混入敌人的内部，摸清他们的底细，打一个翻身仗，让他们措手不及。

可是胡兰并不知道这些。她见到抗日村长就给他翻白眼珠子，背里还剪了一个纸人，上面写着村长和农会秘书的名字，然后拿钉子钉住他们。骂一句，钉一次。奶奶和爹爹也不知道他们的这个计策。

有一天，胡兰爹爹回来和奶奶说："不好了，铺子里的那一伙人正劝我们的广怜当闾长。"奶奶着急地问："什么时候？这不是要脑袋瓜子的事么。"

奶奶又紧追着问："他答应没有。"

"我一去，他们的话就止住了。我也始终不知道他这笨驴答应没有。你要好好劝劝广怜，千万不要去干这等事。父亲对这事也不满意，大家都在给村长做思想工作，可村长说话却很含糊，谁也不知道他是怎么想的。"

胡兰为村长这件事也很气愤。给鬼子干事，就是大汉奸。

有天晚上，风高月黑，窗子外的竹林一片风声。胡兰一家人吃过晚饭，睡觉时间还早，忽然门外一阵敲门声，十分急促。父亲忙去开门，随后跟进一个人来，与父亲嘀咕了一阵。要父亲弄些米面做饭，说是抗日队伍来了。

胡兰被奶奶拉进房去。后来才知道这个人就是村长，他之所以和敌人打成一片全是为了配合抗日工作，这是组织上安排下来的任务。胡兰通过这一件事，也变得机灵起来，她意识到，和鬼子硬拼是行不通的。同敌人斗争，一定要讲策略。

革命教育

烈火虽然灼人，但它同时也铸造许多宝贵的东西。许多东西原本普通，但因为有了火，有了重重阻隔，某种宝贵的内核就被淬炼出来。刘胡兰也不例外。她的成长是经过了许多磨难和革命斗争的锻炼。

刘胡兰的奶奶也经常给两个孙女讲苦难的家史，包括流传在云周西村的那些故事。

夏天的傍晚。胡兰总是喜欢蹲靠在奶奶的腿上。奶奶总是变戏法似的把故事一件一件地甩出来。

这些故事里充满了正义的力量，同时父亲刘景谦也给两个幼女树立了正面的榜样。他经常和乡亲们去根据地给八路军送粮食、布匹。他常对女儿说，能为抗日出点力，自己哪怕就是少吃点、少穿点也没要紧。

在艰苦的日子里，平川坚持斗争的八路军日夜活动在青纱帐里。刘胡兰常随情报员为八路军送干粮、传情报。凭着她的机智和勇敢穿行在敌我之间，巧妙地躲开了敌人的一次又一次尾随和盘查，为八路军送去了可靠情报和斗争消息。

日月如梭。

转眼到了1942年，刘胡兰十岁了。十岁是一个冰雪般纯粹的年龄，本应在父母的慈爱和亲情的呵护下享受美好童年。然而，时代却把重担架在了胡兰稚嫩的肩上。这一年，刘胡兰当上了儿童团长，经常和小伙伴们站岗、放哨，掩护抗日干部。

1942年中共文水县敌后委员会成立了。

有一天，工委李书记来到云周西村，传达党的指示。

刘胡兰听了十分高兴，积极为落实党的政策出力办事，她常随武工队员到敌人据点撒传单、贴标语，对敌人展开政治攻势。这样一来，她的愿望就一件件地实现着，她自己也越来越自信，明显感觉到自己就是这个具有强大生命力的队伍的一分子。

争当第一

秋天，在文水县，最美的当属落日。扁大的落日红彤彤的，挂在天空，像一个大大的圆饼。

这个秋天，空气中时常可以闻到麦子的香味。区妇联决定在贯家堡办一个学习班，专门培训妇女积极分子。刘胡兰背着奶奶和家人报了名。然而，就在她为此事暗暗高兴的时候，事情却发生了变化。

那天傍晚，天色渐渐地暗下去，夜色悄悄地弥散四野。

胡兰从地里摘棉花回来，刚到家门口，看到了好友金香坐在那里等她。一见面，金香急不可耐地说："我要去学习了。"

胡兰高兴地说："没想到妇女训练班这么快就办起来了。"

接着她问金香："都有哪些人去？"

金香说："月英、芳珍、明光，可怎么没有你，玉莲也没有看到？"

胡兰听了，心想：怎么可能呀？她们三个是一块报的名，为什么只有金香没有她俩呢？

假设要说嫌年龄小，金香还比她小一岁；要说条件不够嘛，她们三个是从小一块长大的好朋友。

日伪统治时期，她们三个经常一起暗地里给抗日干部们站岗放哨，传递消息，没干过什么不好的事！

要说文化低，自己还上了小学二年级，识字比金香还多呀！可为什么就没了她呢？

一个个问号像鱼泡似的升起来。

想到这里，她急切地问金香："区里妇联干部吕梅还在村里吗？"

"快回贯家堡了，现在还没走，所以我才急着来找你。"金香一脸无奈。

胡兰将一筐棉花急急忙忙地送回家里，转身就去找吕梅。

来到吕梅的住处，她正在往自行车的后架上捆绑背包，行色匆匆。

吕梅在远近是出了名的漂亮的。男人们看到她整个心就扑通扑通地猛跳。她二十多岁，已经是区妇联的干部，长着一双会说话的大眼睛，身体健壮结实，工作风风火火，泼辣干练。她边捆行李，边和陈玉莲说着话。

陈玉莲也是一个听话上进的孩子。玉莲是后面村子里的，从小就和舅舅长大，舅舅之前在黄埔军校待过，后来因为在战场上伤了一条腿，所以就回到了村子里种地。

玉莲看到胡兰来了，笑笑说："嗬，又来了一个要求去学习的！"

玉莲也是来找吕梅要去学习的。她知道胡兰也没获准去学习，所以有些打抱不平地说："我是落后分子，不够格，可胡兰够条件去呀，为什么没有她？"

当时胡兰的人气很旺。她既谦和干事能力又强，并且还喜欢帮助别人，大家都愿意和她玩。

吕梅见两个人在这里歇斯底里，也不好再隐瞒什么，只好把话摊开了说："老实说，组织已经考虑过了。名单定下来也有你俩，你们工作作风好，又上进，去学习班是一点问题都没有的。可上午村干部们研究的时候，都说你们家里上有老人，没什么劳动力，老人不能没有你们照顾，所以给取消了……"

玉莲的嘴就像梭镖一样地快，没等吕梅把话给说完，她就打断说："只要干部们确定了，哪家还敢不同意？"

吕梅道："这是去学习，又不是派差，不能搞强迫命令。"

刘胡兰倒不关心家里会不会让她去，她只想知道自己够不够条件，她问吕梅："我们俩参加学习班究竟符合条件不？"

"当然够啦！"吕梅肯定地回答。吕梅看她俩决心已定，也不想多说别的，就说："你们先回家跟家里人商量商量，只要家里不反对，你们就来。后天报到，大后天就开课。"

她说她要回贯家堡，不能再耽搁了。

吕梅一溜车，两脚离了地，急急地要走。没有走出多远，她转过头说："只要你们家里人同意，你们就是迟来两天，也可以。这样行了吧！"

玉莲一听这话就高兴得跳了起来，她自言自语地说："我是非去不可的，家里人谁不同意也不行！"

胡兰说："你妈刚走，爹爹又有病，你走得开么？"

玉莲着急了，生怕别人不让她去似的，说："我爹让我二嫂照顾就行了，不就是端饭倒水的事，我二嫂能干着呢！他们要是不让我去，我就去找二哥，他整天在外边闹革命，就不让我去革命呀？"说完就回家去了。

玉莲的二哥是陈照德，也就是现任区长。

胡兰想，回家去也没用，奶奶肯定不让自己去。加上奶奶年迈了，需要人来照顾，于是她去找金香商量。正巧在一个胡同里找到了金香，胡兰把吕梅的意见说了一遍。

金香说："我看你还是得先回家找奶奶商量，她不让你去你准去不了，学习又不是强迫的。"

胡兰只是叹了口气，没有回答。

金香看着胡兰为难的样子又说："要不你先回家，做通你爹和你大爷（山西人称大伯为大爷）的思想，叫他们再去劝你奶奶，看行不行？"

刘胡兰还是没说话，又长长地叹了口气。

金香见胡兰不说话，心里急了，便问："那你打算怎么办？不去学习了？"

胡兰说："等我好好想想再说吧。"说完两人各自回家。

一波三折

胡兰回家后，只字也没提学习这回事，只是一个人苦苦想办法。她清楚，这件事和家里谁说了也是白费口舌，只有奶奶点了头才算数。

可奶奶是万万不会让她去学习的。平时奶奶管她特严，最不愿意她和女八路、女工作人员们接触，怕她混在一起学"野"了，担心她去跟人干革命，要是知道她去贯家堡去学习，那不吵翻了天。看来这条道是走不通了。

刘胡兰要给自己做主才行。她这些年，经常参加村里的一些活动，虽然没做过什么大事，但她特羡慕那些女八路、女工作人员，经常勾想着自己像一株树似的长起来，让自己也站到她们当中去。

眼下人也长大了，又有这么好的一个学习机会，谁不想好好地把它抓住呢。想到这些，她更坚定了信心，她自己绝不放过这次学习的机会。于是她拿定主意，先去学习，让生米煮成熟饭，完了让奶奶骂一顿，就是打一顿也值。刘胡兰去意已定，心里觉得踏实多了。

毕竟这个孩子从小到大没出过远门，一想到要和家人分开，心里就翻江倒海，很不是滋味。

晚上在床上翻来覆去地睡不着。第二天一大早，刘胡兰起了床，先给奶奶倒了尿盆，然后打扫院子。院子里满地的落叶，打扫了老半天才把院子打理干净。

想到奶奶，她又把多时未用的织布机都揩了个干干净净。因为秋收之后奶奶就要用织布机了。

吃了早饭，奶奶跟后妈在腌酸菜，腌制的酸菜可以用瓶子装起来。慢慢吃，可以吃一整个冬天。

　　胡兰的后妈是前面村子的。前面的这个村子水塘众多，很多人养鱼，不过那些鱼塘都是地主老爷家的。负责养鱼的农民年终打的鱼几乎都要交上去，自己顶多得一两条小鱼而已。

　　胡兰动手洗换下了的脏衣服，完了又为大伯洗了脏兮兮的臭袜子，还帮妹妹爱兰洗了旧鞋。总之，她想把家里要干的活儿干完，心里觉得这样才对得起家里人。

坚定信念

黄土高原上的秋天天气凉爽极了，天空也是碧青碧青的，像用抹布揩拭过的一样。但胡兰还是累得满头大汗。

奶奶见了，心疼地说："赶紧坐下来歇一歇，别累着了，这个年纪正是长身体的时候。"

胡兰很细心地听着奶奶说话，用心地觉察着奶奶的脸色，生怕奶奶发现了什么异常，慌忙接过话："趁今天太阳好，洗了就算了。"奶奶听她这么说，直夸她长大了懂事啦。

一天里胡兰手上忙忙碌碌干了不少活儿，心里一直寻思着如何去学习班的事。

傍晚的天空暗下去，妹妹爱兰从学校回来，胡兰拉着妹妹坐在门槛上，边检查她的功课，边告诉她以后要多听奶奶的话，多帮家里人干活儿。

爱兰是胡兰一手带大的，她最舍不得离开的是妹妹。

胡兰不知道其他几个人什么时候动身去贯家堡，她想出去打听一下消息，又怕家里人起了疑心，所以她时不时就向大街斜对面金香家门口瞥一眼，看金香家有没有动静。说曹操，曹操就到。这时金香哼着歌儿从大街上走进了小巷。见金香回来，她忙支走妹妹爱兰，给金香打了个手势，便走到门口，打听消息。

一见胡兰，金香兴冲冲地说："我们几个约好明天吃了早饭就去贯家堡，玉莲也一块去。"胡兰心里一下有数了。金香问她："你怎么办？"

胡兰笑了笑，淡淡地说："你们只管走吧，我的事就不用你们操心了。"

金香问："你到底去还是不去？看你！"金香见胡兰不肯说出具体办法，有些生气了。于是自个走了。

第二天早上，胡兰爹从饭场回来，说："我看见村里几个女孩子背着行李到贯家堡上学去了。

奶奶随口便说："姑娘家不在家好好过日子，疯甚？"

胡兰听到金香她们走了，心里已是热锅上的蚂蚁，但她知道不能让奶奶看出破绽，于是忙帮着奶奶洗锅刷碗，老在奶奶身边晃过去晃过来，一点不动声色。忙完家里活儿，然后她才不紧不慢走出家门，奶奶还以为她下地摘棉花了。

从家里出来，胡兰没有去棉花地里，而是选择了村北，她知道去贯家堡要走村东，但她怕碰上了熟人，更怕奶奶知道了。走出村子，胡兰三步并着两步走，能抄近道就走近道，见了地塄就走地塄，走了两个多小时，终于走上了通往贯家堡的大道，不一会儿，她追上了金香她们。她见其中没有玉莲，同伴告诉她说半路上玉莲被她二舅追上来，纠缠了半天，最后硬是把玉莲给拉回去了。

姐妹们看到胡兰来了，开心得话说个没完没了，像一群放飞的小鸟，特别热闹。

"咦，胡兰你是不是偷着跑出来的，连行李都没带？"村里妇女主任张月英突然来了一句。大家齐刷刷的目光像聚光灯似的打在了胡兰的身上，这时大家才发现胡兰什么也没带。她忙辩解道："怎么算是偷跑的，我会写信告诉家里人的。"

家里人哪能等到胡兰写信。吃中午饭的时候，不见胡兰，问谁谁都不知道她去了哪里。

奶奶问爱兰看见有人找胡兰没有，爱兰说没有，她说只是昨天傍晚姐姐和金香说过话，这么一说，提醒了奶奶，奶奶就怀疑胡兰跟着金香她们走了，于是，她赶紧去了金香家打听。进了金香家，只有金香妈李蕙芳在，说没见过胡兰跟金香她们走，两个人又对了对孩子们走的时辰，奶奶想起金香走那时，胡兰还在家。

金香妈还说，肯定胡兰不会去，因为她听金香讲，胡兰报了名，但组织上没有通过。再说她今天早上送金香出门，也没见胡兰。李蕙芳还说："奶奶，听说陈玉莲是她二舅从半路上截回来的，你去问问他们吧。"奶奶又去了陈玉莲家，见了陈玉莲二舅，可说那群孩子中也没有刘胡兰。

东家也没有，西家也没去，那么胡兰到底去哪里了？奶奶这时着急得像一只热锅上的蚂蚁，唠叨着说："好孙女，你要去哪里明说就是，这真要急死奶奶了。"找不着胡兰，奶奶如坐针毡，她叫全家人挨家挨户地问，全家老小都出门找胡兰去了。

直到半下午时，大伯打听到了有关胡兰的可靠消息，说是胡兰到妇女训练班去了，消息是听去贯家堡送公粮的人亲口说的，那些人看见胡兰了。一听这话，奶奶由着急变成了生气，坐在院子里又哭又骂："好个没良心的胡兰子呀！静悄悄地走了，也不言语一声，扔下奶奶就去当八路军了！这还了得了，翅膀硬了管不了她了，我今天非得把你拉回来不行！看你咋的。"奶奶立即逼着胡兰爹用小车推着要去贯家堡。

看到老妈一个劲地要去，大伯刘广谦忙劝阻说："妈，你贸然去怎么合适呢。还是我先去看看究竟是咋回事再说吧！"

胡兰大伯借了辆自行车骑上就去了贯家堡，傍晚才回来。他对奶奶说胡兰住的就是妇女训练班，主要是学习，最多个把月就回来了，因为怕家里人不让去，所以事先没跟家里说。

奶奶听了大伯一番述说，知道胡兰没出现什么意外，倒是不哭不闹了，可还是口口声声要把胡兰给弄回家来。此时此刻，此情此景，大家谁也没了好主意。胡兰大伯说："胡兰已长大成人了，有自己独立的想法，有自己的主意，她既然打定主意去了，你就是用绳子把她给捆绑回来，她的心也还在那里，这有什么用呢？再说了，公家要是批评你去捣乱，说你落后，你老脸往哪搁呢？学习也不是白瞎人，那是让孩子长见识，有什么不好？"

大伯几句话，很是在理。奶奶听了大儿子的话之后，火气小了，可仍然嘴上不停地唠叨，先是骂胡兰不懂得尊重她，接着数落妹妹爱兰没有看住胡兰，怪她在金香来找胡兰时，爱兰没跟她说一声。骂了半天见谁也没理睬她，最后就抱怨胡兰继母胡文秀："不是亲生的，你一点也不操心，胡兰还是叫你妈呢，你什么都不管她，要是冻死了，饿死了，倒是不心疼？！"

胡文秀知道这是奶奶心疼孙女说的气话，忙说："妈，就算我不对，可我也不知道她要走啊，你不要生气了，伤身体。"

当晚，一家人草草地吃了顿饭，再不提胡兰偷着去学习班的事。

第二天一早，胡兰妈为胡兰收拾了行李和衣物，让胡兰爹给胡兰送去。

可是，刘胡兰来训练班没多久，村里的地主婆二寡妇造谣说，听说胡兰一去就穿上了八路军装，过两天就要和男人们一块去打仗，可不得了了，枪炮子是没长眼的啊。这样一来，胡兰的奶奶就逼着儿子推着独轮车去找胡兰了。

听说胡兰奶奶来了，吕梅一边叫人去找刘胡兰，一边给老奶奶倒水，还张罗着做饭，老奶奶不见孙女，不喝也不吃。

胡兰听说奶奶来了，就躲藏在房东大嫂的东屋里，说什么也不去见奶奶。

　　她对吕梅说："梅姐，你知道奶奶从小最疼我，平常我听她的话，这回说什么我也不去见奶奶，别的事好说，参加革命是件大事，说什么我也不依。奶奶思想不开通，总希望我不要离开家，可是，抗日我们吃了多少亏，遭了多少罪，干革命就要下决心。"吕梅被胡兰的话感动了，答应去做奶奶的思想工作，吕梅陪着奶奶和胡兰爹一边吃饭，一边作解释、讲道理。当奶奶知道刘胡兰学习完还要回村里工作，才知道要上前线是胡编的瞎话，也就放心了。做通奶奶的思想工作之后，胡兰见了奶奶。吕梅还带着奶奶看了姑娘们训练的情况，奶奶看到孩子高高兴兴的样子，心里的石头落地了。临走，奶奶对吕梅说："梅子，这回我放心了，胡兰子就托付给你们了。"

　　先斩后奏的方法真灵，就这样胡兰在妇女训练班里待住了。

脱 胎 换 骨

学习班的房子以前是一个粮仓。后来因为粮仓潮湿就废弃了。现在村里办培训班，稍微修葺一下，正好可以用。

刘胡兰在学习班学习了一段时间，经过革命思想的熏陶，整个人焕然一新。眼看着课程很快就到了收尾的时候，胡兰在妇女训练班里，虽然年纪不大，成绩却出类拔萃，还当上了小组长。老师每天都会布置作业，胡兰最喜欢抄抄写写了。她的字写得端端正正，一点也不马虎，作业总是干净清爽，每次表扬的名单中都有她。

学习完了，训练班开了总结会，其他人都解散回到各自的村里，胡兰因为有一份总结要写，当天就没回家。第二天，她做完了训练班分配的事，便与吕梅道别回家去了。

临走的时候，吕梅看见胡兰脸上有点阴郁，看出了她的心思，送胡兰出门的时候就问胡兰："你是偷着来学习班的，虽然你奶奶上次来了见面没骂你，可那是因为有我们在，这次回去后奶奶会不会打骂你？"

胡兰笑笑说："奶奶就是喜欢给我灌输她那套做人的道理，但从来也没有打过我，骂我几句是有可能，没事，我做好了精神准备，骂就骂吧，我已经学习完了，没关系的！"

吕梅点点头："看来你是摸透了奶奶的脾气，那就好，回去了，也代我向奶奶问好。"

于是，两个人挥手告别，胡兰走远了，吕梅还在大声嘱咐路上千万要小心。看着胡兰慢慢变小变模糊的背影，吕梅心里有点舍不得。

在路上，胡兰像一只会飞的鸽子。从贯家堡走出来，她忍不住又回头望了望，小村子在她视线里融化成了一个小小的点了。一边走，胡兰一边回忆她与学员们在一起的生活，那些情景像一幅幅画一样在她脑海里闪过，她非常高兴，觉得贯家堡是自己生活的一个新起点，在这里她学到了不少革命道理，她就要从这个点上迈出新的步伐了。

一路走就这样一路回想，不知不觉几十里路程就快走完了，很快她就看见了云周西村。这时，突然背后有人叫她的名字，她停下脚步，回过头，原来是石世芳。她高兴地叫道："世芳叔，是你呀。你去哪里啦？"

石世芳是云周西村人，因为区里要用年轻人，加上他工作认真，深得大家的信任，所以就被区里任命为组织部长。组织部长是个比较忙的职务，这样一来，他就经常要去其他村工作。

石世芳长得比较魁梧，大胡子，说话声音像一口洪钟。他说他在胡家堡下乡，天气冷了回家拿几件换的衣服。石世芳看到胡兰笑容可掬的样子，便问她："学习结束了？怎么样，有收获吧？"

"有收获，收获可大了！"胡兰笑着说，"以前我是个糊涂虫，什么革命道理都不懂，只知道打鬼子就是干革命，连八路军共产党都分不清，只当参加工作就是八路军，就成了共产党的人，以前我觉得自己就是共产党了。"

右世芳故意考一下胡兰："那你说共产党是怎么回事？"

"共产党就是无产阶级的先锋队……由工人阶级组成……"胡兰停了停，想了想，红着脸接着说，"唉，原话我说不来，但我知道是思想最先进，革命最彻底，最不怕死的那些人。共产党要领导咱们打倒封建、打倒剥削，推翻人民头上的三座大山……"

石世芳说："有进步，学得蛮好！"

胡兰得到世芳叔夸奖，她又兴奋地给他讲起学习班里的事，还说李县长、唐书记给她们讲过课。特别是学习了毛主席的两篇文章《中国革命和中国共产党》和《怎样分析农村阶级》，胡兰说这两篇文章对她教育很大，使她明确了当前的形势和今后的任务。

说完胡兰叹气道："可惜学习时间太短了，要是长些就更能学到东西。"

世芳叔说："还有好多工作要人去做，再说学习了还需要在实践中锻炼，这样提高才快，学习和实践结合才是最好的学习。"

"对，对，吕梅同志也是这么讲的！"

接着胡兰说："我们在学习毛主席的两篇文章的时候，就请了贯家堡的农会主席讲了村里恶霸地主压迫农民的事，这样将毛主席的理论与眼前村里的斗争形势结合起来说，我们一听就明白了，更加理解了毛主席这两篇文章的意义。"

话说到这里，胡兰显得更加激动，她说："看来，要想打倒吃人的旧社会，非革命不可。不管遇到多大困难，也要坚持到底！"

"对，太对了，你学得真好。"石世芳连连点头。

石世芳打心眼里为胡兰高兴。

前几天区里开会，会上吕梅在汇报妇女训练班的情况时，就提到了刘胡兰，说胡兰学习特别用功，干什么事都能带头去做，革命热情很高，是个难得的好苗子，今后要好好培养。今天听了胡兰与自己的谈话，石世芳心想：真是棵好苗子，是该好好培养她，让她成为革命的有用之才。

两个人有说有笑，不知不觉就进了村，话别后，石世芳和胡兰两个人各自朝家的方向走去。这时，学校学生放学了，满街"叽叽喳喳"地叫着，街上人来人往，忙着自己的事，人们脸上洋溢着笑容，云周西村充满了抗战胜利的喜悦与祥和。

回到家，胡兰就直奔奶奶住的北屋，未进门就高声喊："奶奶，奶奶！"

进了门，奶奶见胡兰回家了，便停下手中的活儿，"哦"了一声。

没等胡兰说什么，奶奶就面带愠色道："还知道回来，还想得起家，我看你心里是没我这个奶奶了！"

奶奶虽然这么说，但看到胡兰回来了，还是有一种掩饰不住的兴奋和喜悦，口气亲切而温厚，满脸带着笑。

胡兰看到奶奶的脸上挂满了笑，就很随便地从笼屉取出了一个窝窝头啃了起来。奶奶见胡兰没吃饭，心疼地说："光顾着在外面疯玩，饭也没吃饱吧，慢点吃。"

奶奶还想去给胡兰做点白面，给胡兰拦住了。胡兰吃了两个窝窝头，又与奶奶、大娘拉了一会儿家常就出门找金香和玉莲了。胡兰找玉莲不在，她就去了金香家。才走到金香家院门口，就听到金香爹刘树旺在骂人："我看你才学习几天，长本事了，你他妈的还敢跟老子顶嘴，小心我揍你！"

"你不要那么凶，现在日本鬼子都投降了，妇女解放了，我和娘再也不受你的气了！"金香理直气壮地说道。

刘树旺有些恼怒，说："妈的，我看你是不想活了，我供你吃供你穿，把你养大，你现在敢骑到老子头上拉屎了。我跟你说，还嫩了点儿！"

"你来打呀，你来打呀，就是不怕你！"金香气愤地说。

金香她妈李蕙芳，死了前夫，守寡几年，孤儿寡母迫于生活，后来才改嫁给刘树旺的，并将金香带到了刘树旺家。刘树旺是当地有名的痞子，喜欢赌博，交往人员混杂，他过去与日伪军有交往，但也帮抗日干部办事，抗日干部住他家时也没出卖过谁，不过村里人看不惯他，落了个不好的名声。

胡兰在门外听见刘树旺说："就要打你怎么的。"

胡兰在外听得一清二楚，她怕刘树旺真的要打金香，忙推门走进了金香家。金香见胡兰来了，胆更大了，她提高嗓门儿对刘树旺说："我们母女不是你的牛马，不是你奴隶，从前，你想打就打想骂就骂，现在有了共产党就是不行。"

"好大口气，真他妈不知天高地厚，你以为共产党就是为你娘俩办事是吗？你再敢嘴硬，看老子敢不敢揍你？"

胡兰听了刘树旺的话，也非常生气，但想到毕竟是家事，所以想先劝劝："树旺叔，金香她是你女儿，有什么不好，也好好说呀，又不是外人。""哦，我家的事，关你屁事？你管得太宽了吧。"

金香在一边说："你打！你打！敢动我们一指头都不行，共产党的天下，有说理的地方。"

"妇女也是人，你今天再敢打金香，我们就要去告你。"胡兰愤愤不平地说。

刘树旺满脸通红，他看情况不妙，提着烟袋就悻悻地出门了，边走边说："哼，打你，我还怕脏了我的手。"

刘树旺已走出大门外，嘴里还在嘟嘟囔囔地说什么，但胡兰和金香没听清。大家也没再理他。

这时胡兰才仔细问金香，到底怎么了。金香带着胡兰走到了上房，胡兰见满地的碎碗片，金香指着炕头洒着的一摊稀饭说："你看，就因为他起床迟了，饭锅煨在火上，时间一长稀饭熬稠了，他起床，我妈赶忙给盛了一碗，他嫌稠，'啪'的一声就把碗给摔了，挽起袖子就要打妈，我就和他吵开了。"

"唉，他走了，你就不要再说了，把他惹急了，气就够我们娘俩受了。"

金香妈哀怨地说着，一脸的无可奈何。

金香听了妈的话，气呼呼地说："你还怕他，你的思想不解放！"

胡兰劝金香不要怪妈妈，又鼓励李蕙芳不要怕刘树旺。

其实，金香平时很怕刘树旺，以前见刘树旺发脾气，她就躲到一边，大气也不敢出，吓怕了，就偷偷抹眼泪。现在通过妇女训练班的学习，她腰直了，气粗了，敢和刘树旺讲理了。

胡兰为金香深感高兴。于是她夸了金香几句，又对李蕙芳说："他那号人就那德性，吃柿子，专挑软的吃，你们就是不要怕他，要是再欺负你们，就告他去，会有人管他。"

胡兰安慰了李蕙芳和金香娘俩一阵，给了金香娘很大鼓舞。李蕙芳说："你们学习了就是不一样，懂得了不少道理。"

三个人又拉了一会儿家常。胡兰便拉着金香，说去找学习班那几个女孩子，一块准备去村干部那里汇报学习情况。

爱 憎 分 明

胡兰那天穿着一身学生装。在台上汇报完训练班的学习情况，村干部们都对她刮目相看，表扬她进步大；胡兰很是高兴。她在回家的路上连蹦带跳的，像一只花蝴蝶似的向着家的方向飞舞。

回到家，奶奶见胡兰把头发剪短了，走到胡兰身边，生气地用手弄了弄她的头发，惊叹道："啊，我先前没看见，你把头发剪了？"这下可气坏了奶奶。

原来，胡兰刚回家时，奶奶见了她只顾高兴，就没有注意到她的头发，现在发现了。胡兰虽然觉得这会惹奶奶生气，但她还是大着胆子说："奶奶，头发剪短，是为了方便，你看人家吕梅不也是短发吗？"

"看你，跟什么人就学什么人，你看你把头发弄得男不男女不女的，疯什么！"

"哪是疯，这样工作起来方便，也卫生。"

"胡说，男女不分，看谁还敢要你，将来连婆家都不好找！"

"说什么呀，再说头发还能长出来。"

"你就学坏吧，我老了也管不了你了。"

"奶奶，这哪是学坏，八路军里的女战士都是这样的短发，你能说她们坏吗？"

奶奶生气道："张嘴八路，闭嘴八路，我看你们是喝了八路军的迷魂汤。"也许是奶奶想起大伯也给公家干事，接着说："你大伯刚从交城回来时，就说不沾公家的事，后来鬼迷心窍当闾长，整天为八路干，日本鬼子打败了，又说还要打败阎锡山，心中只有八路军的事，家里什么也不顾。"

　　奶奶不为自己的头发纠缠了，说起大伯来，胡兰很高兴。

　　但胡兰又觉得奶奶不应该说大伯，大伯当阎长也是为八路军干事。令胡兰高兴的是，大伯过去不是这样，他以前不懂得革命道理，也没打算要革命，对国民党、共产党都无所谓，可是在交城，他看到了鬼子烧杀掠抢，坏事干绝，使他给人家当伙计、打短工挣辛苦钱的机会都失去了，实际的斗争使大伯才认清了谁是朋友、谁是敌人，也使大伯一步一步走上了革命道路。

　　奶奶一会儿抱怨大伯，一会儿又怨世事。大娘、妈妈、胡兰和妹妹爱兰也只好听着奶奶一个人在那里自个唠叨，谁也不搭腔。

　　"日本鬼子打败了，可现在自己人又开始打自己人了，为啥？一打仗，老百姓就跟着遭殃。"

　　胡兰听奶奶说些不明不白的话，忙接过话茬儿，说："奶奶，怎么能叫自己人打自己人呢？"

　　"不是吗，打过去打过来，不就是为了争当皇帝老儿吗？"奶奶糊里糊涂地说。

　　"奶奶，阎锡山不是自己人，他也是敌人！"胡兰想了想又说，"你说是谁打败了日本鬼子，是八路军还是阎锡山？"

　　"那还用说，我又不是瞎了眼？"

　　"对呀，是八路军。抗日战争时期阎锡山保存自己实力，躲在晋东南，与日本鬼子勾结，要消灭共产党。抗日战争胜利，就出来抢胜利果实，想继续骑在人民头上作威作福，当然要消灭他，我们才能过上太平日子……"

　　胡兰讲得有板有眼，家里人听得津津有味。

　　妈妈说："看不出，胡兰，学习了40天，懂得了这么多革命道理。"

奶奶看了看胡兰，又说起了胡兰的头发问题："你的头发剪得那样短，也是想学穆桂英——从军打仗吗？"

胡兰说："短头发不碍事，打理起来也方便。不用整天婆婆妈妈的。我可不愿意做娇里娇气的那个什么林黛玉。"奶奶听了，忍俊不禁，说："剪吧，我这老婆子也管不了你了。"

妈妈担心奶奶一直在胡兰的头发上没完没了，就故意把话题岔开，说："今天，胡兰刚从外面回来，我们准备做点好吃的，一块吃顿好的。"

奶奶还是心疼胡兰，想到她四十多天没吃好饭，就叫胡兰妈和大娘和白面，做面条。

大家一忙活，奶奶就忘记了头发的事，一场风波才算平息。

去送胶鞋

　　村公所派了石六儿和刘胡兰一起去区里缴军鞋。石六儿不姓石，是他长得有点像山里的石头，圆圆滚滚的，眼睛也圆溜溜的，整个人似乎像个皮球，踢一脚就可以飞到几里地外去似的。

　　胡兰与石六儿不太熟悉，胡兰她只知道石六儿在抗日时期暗地里当过民兵，做过抗日工作。石六儿也知道刘胡兰的底细，但两人从来没说过话。

　　这天，两个人走了很远一段路，也没说什么话。石六儿是个三十多岁的中年人，身材高大，很有力气，推着满车军鞋，在大路上走得两脚生风，卷起满地的尘雾，车轮辘辘。格达格达地很有气势。胡兰空着手还得小跑才能跟上。

　　走出两三里地时，突然道上有一段上坡路，胡兰忙俯下身子帮着推车，这时她看见车把上吊着个篮子，篮子里面放了些饼子和麻花。胡兰感到有些奇怪就问石六儿："六儿哥，就五六里路，你带干粮干吗？"

　　六儿哥忙说："不是干粮，我是准备带到我妹妹家去，给孩子们带的。"

　　"你送军鞋还捎带走亲戚？"

　　"不，我是走亲戚捎带送军鞋。"

　　石六儿说话舌头转得特别快，一堆话似乎早就已经准备好，只要翻卷舌头，话就滔滔而出。

　　今天轮不上他支差，他在大街上听石三槐说要人送军鞋，正好自己要去大象镇妹妹家，就顺带把鞋送去算了，空着手也是走，推着车也是走。原来这么回事，胡兰听完心里赞叹；"要是别人，才不管这闲事，没想到石六儿思想很进步。"

几句话之后，两人就有了闲谈的话题。石六儿说自己很赞成胡兰她们斗争二寡妇，并说他对二寡妇也反感，二寡妇这个人很风骚，专门勾引外面的男人，成天涂脂抹粉，用男人的钱，谁对她好她就跟谁走。

他还说二寡妇勾引石五则，更看不起石五则，说过去还好，自从勾搭上二寡妇就有些变了，有些言行不像个村干部。

胡兰觉得背后议论人不好，就把话题岔开了，说："日本鬼子投降了，老百姓就有好日子过了。"胡兰指了指道路两边忙春耕生产的人们说："你看，不打仗的日子多好，老百姓劳动得多欢！"

石六儿接过话："多亏有八路军，八路军真是世界上最好的队伍。"

两个人你一言，我一语，不知不觉到了大象镇区公所。胡兰让石六儿走亲戚，她留下缴军鞋。

胡兰找到民政助理员，助理员见这么快就有人来缴军鞋，赞扬说这是全区头一个。于是，民政助理员兴冲冲地忙着验收鞋子，当打开包袱，看到一双双新鞋结实得像铁打的一样，更是赞不绝口，说："早听区干部说云周西村群众基础好，干什么工作都突出，果然是这样。"

助理员看了看胡兰，又夸奖说："没想到你这么年轻的干部做工作这么老道，任务完成得如此之快，质量也是如此地好。"

胡兰谦虚地说："众人使坨力量大，我一个人哪有那能耐。不都是靠大家的力量吗？"

缴完鞋，胡兰拿上收据，忙跑到隔壁院里找区妇联秘书苗林之汇报一下情况，没想到铁将军把门。她转身进了东屋，向宣传干事小杜打听，才知道苗林之前两天就陪吕梅到各村检查，督促做军鞋去了。

小杜是区里小秀才，面清目秀，笔杆子有两下。他知道还没有人上区里缴过军鞋，胡兰第一个来的，他敏感地意识到这人肯定有经验，忙向胡兰说："你们村是第一个完成任务的，你谈谈经验吧。"

胡兰笑了笑说："经验我可说不出来，我向你汇报一下情况吧。"

接着胡兰就将村里妇女做军鞋的事说了一遍，小杜听得入了神，不停地在一个小本子上记录着。特别是听到二寡妇的事，小杜更是兴奋不已，说："这么典型的事，真该上报纸。"

汇报完，胡兰走的时候，小杜特意给了胡兰两期报纸。胡兰没想到云周西村是第一个完成任务的村子，成了第一名，心里乐滋滋的。她想，回到村里把这好消息告诉给村里的妇女们，她们肯定也会好高兴，也会觉得脸上有光。胡兰这样想着，心情好极了，脚步也就加快了。很快她走出了大象镇，刚走出来不远，迎面就碰上了东堡村的妇联秘书霍兰兰。胡兰与霍兰兰是在区里开会认识的，见过两次面。霍兰兰老远就向胡兰打招呼："胡兰你去哪里了？"

"我缴军鞋回来。"

"哎呀，你们二百多双鞋这么快就做完啦？"霍兰兰有些惊讶地问。

"没有，还有一双没做好。"

"哦，一双算什么，我们50双的任务，连一双都没有做成！急死人了！"

胡兰忙问："那怎么回事？"

霍兰兰叹了口气说："唉，说不上来是怎么回事，反正困难很多。"

她边说，边迈步要走。胡兰问她要去哪里。霍兰兰说要到区上去找苗林之帮忙想办法。胡兰告诉她说苗林之不在，不知和吕梅下乡到哪个村去了。霍兰兰叹口气说："唉，那我只好回去了"

霍兰兰返身跟着胡兰往回走，愁眉不展地向胡兰说："眼看期限到了，50双军鞋还没个影哩，即使区上不催，也不能没完没了地拖下去，这总不是办法呀！"

胡兰问道："任务分下去了没？"

"早分下去啦，可是都没有动手哩。催了一遍不管用，催第二遍妇女们都说忙。唉，真没办法，快急死人了。看你们村，与我们村一比，真是一个天上，一个地下。"

"快别这么说了，我有什么本事，任务又不是我一个人完成的。"

"不管怎么说，反正你比我强。俗话说得好，强将手下无弱兵，你们村件件工作都做在我们前头了。"霍兰兰又叹了口气，说道，"这五十双鞋要是做不成，我就辞职了，不干这妇联秘书了。"

胡兰一听她这么说，就想起了分棉花纺线的事，当初自己也是这样想的，忙说："干工作，不要遇到一点困难就打退堂鼓，挺挺就过去了。"

胡兰见她愁成那个样子，也替她着急，很想帮她的忙，但又不知从何帮起。于是她仔细问霍兰兰，分任务的时候开动员会没有？霍兰兰摇了摇头，说只顾往下分派任务没顾上开。胡兰又问她自己的军鞋做了没有？霍兰兰又是摇了摇头，轻描淡写地说："整天东家进西家出，忙着催人们动手，哪有时间做呢？只要大家动手了，我的快，熬夜赶出来就行了。"

胡兰竖着耳朵听了，觉得霍兰兰没有做动员工作，自己和干部们又不带头，这是个很大的缺点。她很想提出来，但想人家也是村里妇联秘书，而且只见过两次面，自己没有资格对别人说三道四，更不能直截了当地批评人家，所以话到嘴边又咽回去了。

胡兰低着头默默走路，忽然抬头说："其实我也碰过钉子，也作过难。"

胡兰接着讲了上次分棉花的情况，并着重说了不足之处。她说自己当初也是把问题看得太简单了，既没调查各家的情况，又没开动员会，只是硬往下分任务，结果连棉花都没全分出去。要不是后来采取了补救措施，差点连任务也完不成。

走到了三岔路口，马上要分手了，两人不约而同收住了脚步。胡兰看到霍兰兰听得有兴趣，想讲给她一些经验，而霍兰兰也想听胡兰把话讲完，看看别人是怎么干的。为了完成工作任务，两人想到一起了。于是胡兰继续讲如何做动员，如何召开妇女座谈会，让妇女认清了为什么要做军鞋，并主动订出了军鞋质量标准。

没等胡兰说完，霍兰兰说："你这么一说，我心里也亮堂了。我看我们主要是没做思想工作，就把任务分下去了，妇女们还以为是一般地派差事，本来主动的工作让我们搞被动了。"

霍兰兰接着说："对，对，对，那我回去就做动员工作。"但她又叹了口气："动员时，讲些什么呢？"她想了想说："胡兰，要不你到我们村里去一趟，给村里妇女讲一讲，开导开导，行不行？"

胡兰没想到霍兰兰会提这个要求，这让她为难了。去吧，上级没派任务，自己是云周西村的干部，跑人家那里指手画脚不好；不去吧，看霍兰兰那发愁的样子和诚恳的态度又不忍拒绝。胡兰想了想，不管怎么说，哪个村都是为咱们的队伍做军鞋，帮助别人完成任务，也没有什么不好，人家爱说什么就让说好了。胡兰一横心，对霍兰兰说："去！"

霍兰兰见胡兰同意了，有些喜出望外，说："没想到你是个热心肠人，真好。"霍兰兰有些激动，她连忙拉着胡兰的手，边走边说："你接受过训练，懂的道理比我多，能给妇女们说出个道理来，她们就得服。"

路上胡兰又向霍兰兰讲了她做军鞋的一些具体方法，如组织手巧的专剪鞋样，干部带头先动手，发动不会搓麻绳、不会绱鞋的妇女和别人换工，等等。霍兰兰听得津津有味，忙说："要是我早些遇到你就好了。"

她俩一路谈笑风生就到了东堡村。霍兰兰把胡兰领到她家里，刚进门，苗林之和吕梅也来了。霍兰兰见一下又来了两个帮手，高兴极了。她边忙着烧水沏茶，边向她们说道："老吕呀，我正要去区里找你们，这些天可把人愁死了。到如今连一双鞋还没做起，你看胡兰她们村人家军鞋都缴区上啦！"

吕梅点点头说："我们刚从云周西村来。"她见胡兰在这里，觉得有些奇怪，问道："你不是去区里缴军鞋了？怎跑到这里来了？"

霍兰兰抢先回答道："刚才我上区上去找你们帮忙，遇上了胡兰，她说你们不在，我就把她从半路上请来啦。"接着她就说了请胡兰来的目的。

胡兰红着脸说道："这不是区上的同志来了。"

苗林之忙笑道："我们来也坏不了你们的事。"

吕梅一向对胡兰的印象很好。她觉得胡兰这姑娘不仅工作积极，善于动脑筋、想办法解决问题，而且能坚持原则，敢于和坏人坏事进行斗争，这更使她高兴。如今又听说胡兰是来帮霍兰兰工作的，这更加深了她对胡兰的喜爱。这时，她发现胡兰有点局促不安的样子，连忙说道："你今天来得非常对，革命同志之间就应当是这样，互相帮助，互相支持。"

没等吕梅说完，霍兰兰就插嘴说："老吕呀！要是胡兰常来帮助我一下就好了。"

胡兰不好意思地推了她一把说："你尽胡扯，我懂个啥？我还要人帮助呢！"

吕梅说："说真的，连我在内，咱们的工作经验都不多，可是如果能经常在一块交流，相互学习，取别人长处，补自己的短处，对谁来说都有好处。"

苗林之插话道："团结就是力量，众人拾柴火焰高呀，集体的智慧总是比个人的多。"

霍兰兰说："要是经常能听听你们的意见，那就好了，我准长不少出息。"

胡兰听了两位区里领导的谈话，觉得太有道理了，边听边不住地点头称是。

这天，胡兰、吕梅和苗林之就在霍兰兰家吃了中午饭。下午又参加了妇女座谈会，会上她们讲了话，介绍了云周西村做军鞋的方法，表扬了云周西村的妇女们的觉悟高，完成任务快，要东堡村的妇女也要争当先进。天黑，胡兰才回到云周西村。

隔了两天，胡兰老是放不下东堡村做军鞋的事，忍不住又跑去找霍兰兰，想问问情况。霍兰兰告诉她说，自从那天开了座谈会，好些人都连夜赶做军鞋，估计三五天就可做完。胡兰这才放了心。

从此后，霍兰兰每逢遇到困难就找胡兰，胡兰也不断去东堡村，两人的友谊不断加深，两个村的工作做得更好了。

身体力行

　　区里干部们看人都很准的。他们认为胡兰工作积极负责，思想觉悟高，有培养前途。1946年夏天，区上决定调刘胡兰到区妇联当干事。

　　那天，吕梅到云周西村，与村干部通气后，就把胡兰叫到了村公所谈话。

　　吕梅见了胡兰说："胡兰同志，根据组织上对你的考察，决定调你到区上工作，你有没有意见？"

　　胡兰一听，心里有些惶恐，老半天没吱声。吕梅又问："你不同意？"

　　胡兰若有所思地说："我觉得自己文化水平低，经验又少，当村干部都很吃力，怎么能当区干部呢？那不是白吃公家粮吗？"

　　"现在土地改革，区妇联人少事多，忙不过来，需要提拔年轻干部上来工作。"

　　"吕梅同志，我的确水平有限，还是提拔别的年轻人吧！"胡兰诚恳地说。

　　"这不是我个人的意见，是组织上的决定，既然组织上相信你，那是有根据，有道理的！"吕梅说。

　　胡兰听了虽然对这份工作还是有点怯场，但她想既然是组织上调动，最后，就同意了。在区里工作时，胡兰多半是与吕梅和苗林之一块去。她处处留心向这两位学习，而吕梅和苗林之也有意识地帮助她。

　　同年6月，全区在大象镇进行土地改革试点，斗争地主。分片召开斗争会议，各村组织各村的斗争会。揪出地主，让他主动交代剥削、压迫农民的罪行。地主要面对群众坦白交代，并交出剥削得来的财物。

地主交代完毕，由苦大仇深的贫雇农上台揭发地主的罪行。大部分干部集中到了大象镇。胡兰也去了，在轰轰烈烈的土地改革运动中，胡兰上了最深刻的一课，这些封建地主可恶至极，要不把这些剥削阶级打倒，贫苦农民就不得翻身。胡兰在实际工作中认识了什么是阶级，认识了无产阶级的苦难。

在土改快结束的时候，胡兰害了眼病，因为过度劳累，天气又热，她眼角上长了一个水泡，只得回家休养。回家后，她上了几次药，喝了些甘草水、绿豆汤，眼病就轻了些。眼病稍好，她就想去村里溜溜，打听一下村里人对大象土改的看法。

那天，胡兰本来打算去找玉莲。一出街门，只听井台那边两人热情地向她打招呼道："哟，胡兰，啥时回来的？"

"怎么？害眼啦？"

胡兰见说话的是金香和她妈。

她一面和她们答话，一面走过去。当走到井台前的时候，才看清金香妈在天井里打水哩。胡兰觉得非常奇怪，因为村里挑水这样的重活不会让女人干，她正想问她们娘俩。金香妈李蕙芳激动地说："唉，胡兰，你不知道，那个挨刀子的把我们母女从家里赶出来了！"

"真的？"胡兰惊问道。

金香忙说："我们已经离开他家，搬到后街里啦。前天把手续办完了。"

李蕙芳打好了水，对胡兰说："到家里给你念叨。"

说完，金香和她妈抬起水桶，一摇三晃地向后街里走去。

一会儿，就到了金香家。金香和她妈住在后街坐北朝南的一座院子里，院子年久失修，已破败不堪了，这还是临时租的。屋里没有什么家当，只放了几件日常用具，地上堆着几个破旧的米面缸，灶台上放了一些锅、瓢、碗、筷，炕头扔了两个行李卷和几个包袱。东西不多，但乱七八糟，一看就知道家没安置好。

李薏芳放下水桶，拉着胡兰就哭诉道："胡兰子呀！你走了二十多天，我可活得不像个人了，那个挨千刀的，一点良心没有，把我们逼得走投无路。"

金香说："妈你说啥？你看胡兰害眼，让人家坐下歇歇呀！"

"把我气糊涂了，快坐。"李薏芳忙把炕扫了扫，让胡兰坐下。她随后坐在锅台上，她说最近刘树旺在外勾搭上了个年轻女人，就对她母女更加无理了，开嘴就骂，动辄殴打。他骂金香的那些话要多难听就有多难听。金香和他吵了几次，他就赶她母女出门了。

胡兰听后，说了一些安慰李薏芳的话。

李薏芳说："要是金香是个男的，我也不愁，唉，以后这日子怎么过哟。"金香接过妈的话："人活得要有点骨气，以后就是要饭，也不会上他门上去要！"

胡兰听金香这么说很高兴。她忙对李薏芳说："金香说得对，人活得要有志气。你放宽心，不要只看眼下的困难，咱们生活在解放区，在共产党、毛主席的领导下，日子只会一天比一天好过。再说，刘树旺一天横草不拿，竖草不沾，全靠剥削别人过日子，他就是剥削阶级。过去，你们在他家整天挨打挨骂，在他家中，你们牛马不如。与他划清界限，一刀两断做得对。"

李薏芳和金香听不懂什么是阶级，还以为坏人是阶级，问胡兰："什么是阶级？"

胡兰说："三言两语给你说不清，比如说恶霸地主、土豪劣绅就是剥削阶级。我们没有土地，没有房子就是无产阶级。土地改革就是要打倒这些封建剥削阶级，像石玉这样的人就要打倒。"

"那刘树旺呢？"

"他也应该算地主。"

金香说："胡兰，你说得太对了。对，一定要和狗日的划清界限。咱们村什么时候土改，非要好好斗争狗日的不可！"

胡兰忙说："土改不是报私仇，而是要打倒整个封建剥削，让所有贫苦农民翻身做主。"

胡兰通过二十多天的土地改革，她逐渐懂得了一个阶级的苦难，心中的奋斗目标更大了。

党员光荣

这些年来，胡兰工作上兢兢业业，做事情让上面放心，群众满意，又很上进，经过这些年的磨炼，越来越得到组织上认可。于是上面决定把她调到区里工作。

组织一是为了锻炼她的工作能力，培养党的后备干部；二是将她作为党员发展对象。在大象镇工作二十多天，她害了眼病组织上叫她回家休养。

胡兰虽然回了家，但因为她没参加后阶段的工作，所以总是挂念土改分配结果怎样、组织整顿如何。她最念念不忘的是自己入党的事。

胡兰在区上工作时，组织上让石世芳和吕梅同志负责培养胡兰，经常对她进行共产主义教育。

胡兰打心眼里想加入中国共产党，她这些年来做梦也想成为一个光荣的共产党员。

所以在大象镇土改的后期，胡兰鼓起勇气向组织提出了入党要求，并写了入党申请书。现在胡兰想起这事，心里难以平静，说不出是着急还是担心。

胡兰在想，不知道组织上是否讨论过她的申请？是否能批准？担心归担心，胡兰还是做好了两种思想准备：如果批准了那当然是好，自己就有更多机会经常受到党组织的监督和教育，可以使自己更快在政治思想上成熟起来，为党做更多的工作。要是没有批准，自己也不能灰心泄气，这说明自己条件还不够，那就更应该加倍努力地工作，加强政治学习，从各方面提高自己，力争早日达到一个共产党员的水平。总之，她自己认准一条，就是不管批准与否都要时时处处以共产党员的标准严格要求自己，她有了这样的想法，心里就平静了许多。

胡兰眼病有好转，她就找金香、玉莲研究村里妇女工作中的一些问题，她也主动去找村里人谈话，宣传土改的一些政策。了解地主、富农们的一些动向，她估计云周西村很快也要进行土改，事先掌握一些情况，对将来的工作有所帮助。

有一天下午，胡兰正在玉莲家和陈大爷谈论过去村里的地主和富农们的剥削行为。这时妹妹爱兰跑来告诉说，区里来了好几个干部，吕梅和石世芳也来了，胡兰想肯定有什么重要的事，于是起身就要去找吕梅。她一出门就碰上了石三槐，她便问吕梅在哪里，石三槐说吕梅住在村西的空房里。

村西的旧房子是一处破旧的老宅子，很久没住人了。胡兰找到吕梅时她正在忙着打扫。吕梅一见胡兰就高兴地叫道："呀，胡兰，眼好啦？我正打算待会儿去找你哩！"

胡兰笑着点点头，说："你看，工作这么忙，你还老惦记着我，我这又不是大毛病。我的眼快好了，正要说回去工作哩。"

胡兰说着话，就帮吕梅收拾屋里那些破盆破罐还有那些烂柴草。

胡兰问："大象镇土改结束没有？"

吕梅爽快地说："前几天就结束了，如今分了几个组，分赴各村领导土改。"吕梅停住手里的话，说："对了，区委决定让你参加我们组的工作，也没有征求你的意见，你没想法吧？"

"看你说的，我有啥想法，听组织上的。"胡兰回答得干脆利落。

吕梅又接着往下说："这次我们就在你们云周西村啦。"

"我早就盼着云周西村土改啦。"

接着胡兰就把这几天所了解的情况等，统统向吕梅报告了一番。吕梅听完称赞道："啊！想不到你已经开始工作了。"

胡兰忙说："我没做什么工作，只是了解了一些情况。"

吕梅接过话，说："了解情况就是很重要的工作。毛主席说：'没有调查了解就没有发言权。'调查就是工作的开始，那是基础工作。"

这时她们已把屋子收拾干净了，拍了拍身上的灰尘，胡兰打来一盆水，两个人洗了手。刚收拾完毕，有个小孩子跑来叫吕梅吃饭，她俩就跟着走出了院门。路上吕梅对胡兰讲："今天晚上要在这里开会，石世芳同志还可能和你谈话，你也回家吃饭，好早点过来。"

这天晚上，工作组开完会后，人们逐渐散去。胡兰正要走，石世芳叫住她说："胡兰你等一下，咱们一起走。"

石世芳扭头和吕梅交谈了几句，这才和胡兰相伴着走出来。这是农历六月中旬，村庄的夜宁静而悠然。月光如水洒了一地，纳凉的人们仿佛浸泡在水中。街上纳凉的人三五成群聚在一起，有的抽烟，有的在扯闲话。为了熏蚊子，人们燃着麦糖火，烟雾袅袅，散发出一股淡淡的清香。石世芳没朝街里走，他信步向村西口走去。胡兰随着他去到村外，走上了护村堰，他们沿着护村堰向前走去。野外满眼是绿油油的庄稼，胡兰回头看见村子像画在大地上的一幅画，远处水塘传来一阵阵青蛙的叫声，是那么的悦耳。

石世芳忽然向胡兰说道："你提出的入党申请，前几天组织开会讨论过了。"

胡兰不由得紧张起来，她不安地望着石世芳，等待他说下文。石世芳停住了脚步，说道："党组织已经批准了你的入党申请。"

胡兰听了石世芳的话，非常激动，一时找不到话来表达此时此刻的心情。石世芳不知道胡兰在想什么，话也没有继续往下说，过了一阵，石世芳告诉胡兰，党组织考虑到她不够入党年龄，因此只批准她为"候补党员"，等年满18岁以后再转为中共正式党员。接着又给胡兰讲了党员的义务和权利，以及党的纪律问题。最后说："现在是非常时期，村里没有党旗和毛主席像。你就朝着延安，朝着党中央住的地方宣誓吧！"

胡兰转向延安方向肃立，神圣地举起右拳头，庄严地说道："我向毛主席宣誓：我志愿加入中国共产党，为无产阶级革命事业奋斗终生！我坚决遵守党的纪律，保守党的秘密，努力学习，努力工作，争取做一个真正的共产党员！"

胡兰宣誓完毕，石世芳紧紧地和她握了握手，并热情地说道："刘胡兰同志，从今天起，你就是一名共产主义战士！"

党组织接纳了刘胡兰，她觉得自己的生命仿佛得以重生一样，感觉像换了一个人似的，激动得热泪盈眶，一个字也说不出来，只是紧紧地握住石世芳的手，久久不愿松开。

举行完入党仪式，石世芳和胡兰并肩走在护村堰上，两个人都陷入默默的沉思中，过了一阵子，石世芳忽然打破了沉默问道："你还记得顾永田同志吗？"

胡兰忙答道："当然，我一辈子都忘不了顾县长。"

石世芳感慨地说："顾永田同志给文水人民办了多少好事啊，实行合理负担，打破旧水规发放'流通卷'。"他不等胡兰接话，接着说："你以为那些办法是他个人想出来的吗？不，那是党的政策，是毛主席的主意，文水劳动人民之所以能够得到那么大的利益，就是由于顾县长忠实贯彻执行了党和毛主席指示的结果。"胡兰感慨万分地说道："可惜顾县长早早地牺牲了，要不为革命做多少事情啊！"

石世芳深有同感地点点头说："是啊！"

他们边走边谈，从顾县长又说到了许多在文水一带牺牲的同志。

石世芳深情地说："为了革命的胜利，多少优秀的共产党员献出了宝贵的生命，这些同志也有像我们一样活着的理由，可是为了理想和信念，他们不惜牺牲自己。他们永远是我们学习的榜样！我们活着的人，一定要继承他们的遗志，把革命进行到底！"

胡兰发誓说："我坚决听党的话，将革命进行到底。"

石世芳说道："对，经常要记着自己是个共产党员，不管遇到什么困难，只要记着这一条，就能有勇气战胜困难。"接着他又给胡兰谈了今后奋斗的方向，提出了组织对胡兰的希望，然后就把胡兰送到了家门口。

这天夜里，胡兰难以入睡，这是她有生以来最难忘的一天。胡兰认识到她不再仅仅属于一个家庭，属于一个村庄，她已属于人民，属于党了。她暗暗下定决心：今后一定要做一个优秀的共产党员，不管前进的道路如何曲折，她都有决心为党和党的事业流尽最后一滴血。

工作认真

石世芳他们来云周西村的第二天，干部们住下后，就紧锣密鼓地开展了土改工作。先是召集了村干部和村里的积极分子开了个会，再分组进行访贫问苦，发动群众。胡兰、金香和玉莲一个组，由胡兰带队。她们仨分到的三户人家中刘马儿家最穷，就决定先走访他。

那天午饭后，她们在一棵大树下找到了刘马儿。刘马儿头枕一块烂砖头躺在地上，手里拿着一根树枝时不时轰一下绳子，似睡非睡在那里歇息。胡兰她们走近了，他睁眼一看，忙坐起来，接着冲胡兰问道："你不是害眼吗？好了？"

胡兰忙说："好了，马儿叔，我们惊你觉了？"

"没事，我只是躺一会儿。"

刘马儿年纪不到四十岁，可相貌却像个五六十岁的老头儿。

在这个村子里，对地主老爷最苦大仇深的，要算刘马儿了。胡兰想，要是能够把他发动起来，一定能为其他群众斗争地主、富农带个好头。想到这，吃过晚饭，胡兰又去了刘马儿家。刘马儿家住着破破烂烂的房子，屋里也没几样家当，炕头铺着一张破席子，四面墙壁常年烟熏火燎都变黑了，顶棚也掉下一大块，微风一吹，哗啦作响。刘马儿不在家，他瞎眼妈也去串门了，他媳妇正忙着刷锅，刚一岁多的儿子光着屁股学走路。胡兰叫了一声大婶，走进屋里，就抱起了小孩，亲了亲孩子的脸蛋。

刘马儿媳妇忙停下活，过来抱起孩子，说："看弄脏你了。"说着话，环顾了一下四周，接着说："看我家也没个坐的地方，你笑话了，要不我们出去歇息。"

刘马儿媳妇拿了两个草墩子，说门外凉快，就到了门外。

胡兰说："大婶，你们过去住的房子比现在的要大吧。"

一句话引起了刘马儿媳妇的抱怨，她说丈夫把房子卖了，只怨自己的命不好，嫁了个没出息的男人。正说着刘马儿回来了，于是就指着丈夫说：

"你问问他，嫁他十年了，没过一天好日子，村里女人们没干过的活儿，我都干过，一年还吃不上一顿饱饭……"

"马儿叔，你是不是不管家呀，让婶子过得这么苦？"

胡兰插嘴说。

刘马儿抽了一口烟，气呼呼地说："天地良心，我要背着花一个铜钱，要是瞎花了天打五雷轰。"接着他继续抽烟，好一阵，他才说："说一千道一万，怨咱命苦。"

"是呀，命就把人制死了。"马儿婶也附和道。

胡兰听了这两口子的话，忙说："什么命不好，谁生下来就是好命，地主家的土地和财产又不是胎里带来的。再说了，光有土地，没有咱穷人给种，就能长出庄稼，就能打上粮食？"

胡兰见两句话引起了刘马儿两口子的注意，就接着讲了命运之说全是骗人的，她说地主让你干活儿，他们享受，又怕你闹事，就编出一套骗人的话，说他就是享福的命，你就是劳动的命。说着就说到了土改，胡兰讲土改就是要从地主手里夺回土地，让大家都有田种，都有饭吃，都有衣穿。

一席话说得刘马儿两口子也动了心。于是胡兰紧接着说："咱村要土改了，区里干部都进村了，你们敢不敢同石玉璞斗争？"

马儿婶说："随大流吧，村里人敢，咱就跟着上……"

刘马儿没等他媳妇把话说完，抢过话训斥说："村里人都寻死，你也跟着上吊？"说完提着烟袋就走了。

胡兰见刘马儿走了，光给他媳妇宣传作用也不大，就罢了。

接连几天，胡兰、金香和玉莲走东家串西家发动贫雇农，但收获不是很大。金香抱怨说："与其这样东奔西走说好话，不如公家下道命令，让地主把土地财产交出来，分给穷人就行了。又省事，又快当。"

胡兰笑着说："那样行不通，不但没好处，还有负面影响。如果群众没发动起来，地主富豪的气焰嚣张，他们不会承认他们是搞剥削，贫农们还会心甘情愿当牛作马，刘马儿不是怎么给他讲道理，他都说是命苦吗？"

胡兰看到金香和玉莲的认识简单，就给她俩讲了土改中要注意的问题，讲了剥削与被剥削的关系，讲了土改运动的复杂性。她俩边听着，边思考着。

胡兰告诉她们："发动群众要有耐心，一次不行再谈一次，接触次数多了他们就会想通了。"

几天过去，村里陈虎德和段全熬家人的思想做通了，刘马儿的瞎眼妈和媳妇思想也有了进步。但刘马儿是纹丝不动，一个字也不吐。有天刘马儿收工回来，恰巧胡兰、金香和玉莲正从别人家出来，胡兰热情地截住他说："马儿叔，一会儿我们吃过饭，再和你谈谈。"

刘马儿板着面孔说："要是再谈斗争什么的，就不要去了。"

干脆利落就一句，一闪身刘马儿就走了。

三个人望着刘马儿的背影愣住了，一时不知说什么好。

玉莲把脚一跺说："我再没脸去找他谈了，胶泥脑袋不开窍。"

金香说："他就心甘情愿给人做长工当牛作马？现在革命形势大好，他怕什么？"

　　胡兰沉思了一阵："受苦深的人，顾虑更多，我们工夫下得还不够，还得想办法。"

　　晚上，工作组开会，胡兰汇报了发动刘马儿的事。石世芳说："越是苦大仇深的人，越是思想改变得慢，但一旦他们觉悟了，那他就是贫农中的骨干分子。"

　　听了石世芳的话，胡兰打定主意，还要去找刘马儿。

　　第二天，胡兰悄悄跟着刘马儿上了地。刘马儿正在谷子地里锄草，胡兰叫道："马儿叔。"刘马儿惊得一回头，看是胡兰便说："你还到地里来了，太阳这么毒，也不怕中暑？"

　　"你干活整天都不怕晒出病，我来一会儿怕啥？"胡兰笑着说。

　　边说胡兰边蹲下帮刘马儿拔草。这次胡兰没讲土改的道理，而是拉家常。接连几天，胡兰跟着刘马儿上地锄草、出圈翻粪，刘马儿也渐渐喜欢听胡兰说那些土改的道理了，但一说到石玉璞，他就不说话了。

　　有天下午，胡兰跟着刘马儿在地里打掐棉花，又说到了要清算石玉璞的事，刘马儿有些情绪激动，他说："胡兰子，说真心话，谁不想过好日子？谁想给别人当长工？受苦受累不说，受人家那气多丢人。说实在的，石玉璞就是我的仇人，可我又能怎么办？又不能杀了他。"

　　接着，刘马儿讲起了石玉璞欺压他的事情。

　　刘马儿说："我家原来有三间正房，还有四亩地，当然仅靠这些维持不了一家人的生活。但我年轻力壮，种完自己家的地，就去给别人家打短工。我干农活有劲，耕田种地都在行。石玉璞见我是个好劳力，就托人到我家揽长工。当时，石玉璞就有个恶名'一只虎'，我就不去。谁知那年天旱，我家那四亩地的小麦种子不够，就想种些小绿豆，结果村里其他人没有，唯有石玉璞家有，就托人去借。可是石玉璞说，要想借种不难，只要给他家当长工就行。我当时脾气犟，宁愿不种，也不去当长工。结果第二年春天，家里断了粮。当时老娘有病卧床不起，媳妇挺着个大肚子去挑野菜，结果孩子八个月就生下了，大人没吃的，孩子没奶，没几天孩子就饿死了。左邻右舍就劝我给石玉璞当长工，先渡过眼前的危机再说。经中间人介绍我就去了，说好了我在石玉璞家吃饭，每月给80元省银行票子，到年底再算账。结果日本鬼子打来，阎锡山的票子不值钱了，年底算账石玉璞给了我三斤豆子一篓豆面。石玉璞说白纸黑字写着，他说按契约没亏我。我说我不干了，石玉璞笑着说：'三年等你个闰腊月。'没个说理的地方，全家人哭成一团。最后为了度饥荒，我把三间正房给卖了。灾荒过去了，可祸不单行，后来，老娘生病急需用钱，哪里也借不上，只能又去托人跟石玉璞借，石玉璞说只要给当长工就给借。鸡蛋不能碰石头，就只好答应了。老娘的命保住了，但眼却瞎了。"

胡兰没想到刘马儿命运如此悲惨，气愤地说："石玉璞心太黑了。现在有共产党撑腰，要打倒他！"

可刘马儿叹了口气说："你经历的世事少，做人的难处你还不知道，斗争好说，可弄不好，就砸了饭碗，我一家就要喝西北风了！"

胡兰说："你不用担心，斗倒地主，把土地要回来，你就有自己的地种了，日子就会好过啦！"

"你年轻，石玉璞不是那么容易斗倒的！"

胡兰好奇地问："为什么？"

"人们常说，朝里有人好做官。"

胡兰听糊涂了，也不知石玉璞还有什么关系，让刘马儿这么说。胡兰说："哪怕他与阎锡山是舅子老表也要斗他，不用怕。"刘马儿说："胡兰子，我实话给你说吧，人家石玉璞在你们干部中有人，你想还能斗倒他？"

胡兰听了刘马儿的话，非常吃惊，但问他这个人是谁，刘马儿不肯说，只是叹气。胡兰觉得这个情况十分重要，就再三追问，但他还是不肯说。胡兰想了想，回忆起村里人传说石五则与石玉璞有来往，可没有根据，也不敢肯定。

于是胡兰就试探说："你是说石五则吧？"

刘马儿点点头，问道："你们早知道？"

胡兰为了打消刘马儿的顾虑，就说："石五则我们党组织早注意他了，现在还没处理他。"

刘马儿听了脸上稍轻松了些，说："前天夜里，石玉璞还把石五则叫到家里喝酒哩。昨天，石玉璞又叫我给石五则送去了一大刀肉和点心。石玉璞看来也心虚，他指着我鼻子说：'你要敢把这事说出去，我割了你舌头！'"

胡兰听了刘马儿讲完，气得脸色铁青，气愤地说："革命队伍里又出了败类。"

刘马儿又讲了石五则保护石玉璞的许多事。最后他有些后悔地说："你看我的嘴就是不紧，把事都给你说了，我看自己的日子会更倒霉了。"

胡兰说："马儿叔，不要怕，石五则保护不了石玉璞，只要你敢站出来与他斗争，有群众支持，干部们支持，石玉璞迟早就要垮台，他作威作福的日子长不了。"

说完，胡兰站起来就要走，她警觉到这情况事关重大，应该马上向工作组汇报。她立即去找石世芳。

胡兰在工作组住的地方，没有找到石世芳，倒是碰上了玉莲她哥陈林德。陈林德通知说晚上开会叫她参加。

晚饭后，胡兰跑步到了工作组。在工作组住处，除了区上来的石世芳、吕梅、陈德林，还有村里的几个干部。会议还没有开始，大家随随便便说着话，话题是访贫问苦的一些情况。

不一会儿，石五则也来了，随便挨着胡兰坐下来。石五则来之后，人就到齐了。石世芳扫了一眼在座的各位，说："人来齐了，我们现在开会。今天开的是党员干部会。"话音刚落，屋子里的人把眼光齐刷刷投向了胡兰，并有人窃窃私语。石世芳忙补充说："对了，忘了给大家介绍，胡兰是最近入党的候补党员。"

石五则忙说："我早就看出胡兰是个好苗子，组织上培养得太及时了，我们党又增加了新鲜血液。"说着，石五则把目光投向刘胡兰说："这可好了，今后工作又多了同志，胡兰我们可要一起好好干哟。"

有人附和说："是的，胡兰是个好同志，人小觉悟高。"

胡兰听到石五则的话，也没理他。

会场上很快安静下来，石世芳说："从目前大家工作的进展看，发动群众工作已经差不多了，虽然个别贫雇农的觉悟还不够，这是因为大家的观望情绪，还有这样或那样的顾虑。我想如果我们下一步工作开展起来了，群众会在斗争中慢慢跟上。三五天之内，我们要召开贫雇农会议，造声势，扩大队伍，转入清算斗争。今天党内开会，先初步研究一下斗争对象，群众发动起来后，好立马开展斗争工作。"

石世芳话音未落，众人就吵嚷开了。

有的说："这不是明摆着的，第一个就应该斗石玉璞。"

有的说："不用研究，哪个罪大就斗谁。"

有人说："捉贼先擒王，如果把石玉璞的威风打下去了，别人就好办！"

石五则不紧不慢地说："依我看，斗争不能只是弄得轰轰烈烈走形式，关键要看我们斗争会出什么样的结果。我看要斗得先斗段占喜。"

"怎么？放过大的斗小的？放过富的斗穷的？"

石五则说："按名望该斗石玉璞，但据我所知，石玉璞徒有个虚名儿，他家地是多，但出项多，家里没什么值钱东西。而段占喜是乌龟有肉在壳里，能斗出东西来。"

陈德林一听，有些生气地说："按你这样说，石玉璞家里什么也没了，那他是个贫农了？！"

石五则不动声色地说："我又没说他是贫农，我是说实际。斗他半天，没有弄出点油水，你不是白斗了一回……"

话还没说完人们就议论开了。石世芳和吕梅从石五则的话里听出了问题，他俩小声交换了一下意见。石世芳说："大家别吵，让石五则把话说完。"他又对石五则说："五则，你把话说完，我们再议。"

石五则见石世芳支持他把话说完，于是提了提神说："我理解闹土改，就是要咱贫雇农翻身。斗那些空架子地主，斗了半天，除了几亩地，就弄不出别的什么，你们说斗他有什么用？而段占喜要粮有粮，要钱有钱，在村里与贫雇农关系也不好，还不该斗他。"

陈林德激动得站起来说："土改是要打倒地主剥削阶级，不是乱斗争！石玉璞出租放债，雇短工雇长工，不劳而获。而段占喜人家是自己下地劳动，富是富了点，可没剥削人，这是两码事。再说了，十个段占喜也顶不了一个石玉璞呀，这是大家都知道的。我不知道你为什么要为石玉璞说话？"

话说到痛处，石五则就火了，他大声说："谁说我替他说话，我是他什么人，不沾亲不带故，我是他儿子还是孙子，我要替他说话？我说的就是事实，你又为什么要为段占喜说话？"

石五则话一完，激起了公愤。

有的说："段占喜就是个富裕中农，怎么能不按政策办？"

有的说："你和段占喜有个人恩怨，但不能公报私仇！"

有的说："我看你是好坏不分，包庇地主！"

石五则强词夺理地说："你们不要乱扣帽子，革命要讲民主，不能剥夺我的权利！"

吕梅说："谁剥夺你权利了，这不是让你说嘛，你有权利发表意见，别人有批评的自由，也不能不让别人说话，一点党性也不讲。"

"随随便便就说我包庇地主？这是污蔑！"石五则大声嚷嚷。

因为是第一次参加党员会，看到会议气氛又紧张，胡兰一直没说话。刘马儿告诉她关于石五则的事，她本只想给石世芳和吕梅汇报，但是她听到石五则胡说八道时，她很恨他，特别是她听到石五则说党员们在污蔑他时，刘胡兰忍不住就站起来，面对石五则问道："我问你，六月十一日晚上，石玉璞给你送什么啦？"

"你不要胡说，这是党员会，说话要负责。你不要没根没据胡说八道！"石五则有些急红了眼。

他的话是想压制胡兰，可胡兰一气说出了刘马儿给她讲的那些事。

刘胡兰说完屋里空气像凝固了一样。有的惊奇，有的愤恨。

石五则向地上"呸"了一口唾沫，恶狠狠地说："纯粹造谣，你看见过，你抓住过？"

石五则一声比一声高，唾沫星子乱飞，好像要一口吃了刘胡兰。

人们气愤不过，就和他吵起来，顿时会场变成了战场一样。

石五则恼羞成怒，冲着在座的人吼道："这哪是开会，这是斗我，老子革命这么多年，你们不信我，就信一个黄毛丫头的话，我他妈的不干了！"说完，石五则就走了，石世芳叫了几声，也没叫住。

石五则走后，石世芳又问刘胡兰这话可靠不可靠，胡兰说可靠。接着其他干部又揭露了石五则常去二寡妇家，石玉璞也常去二寡妇家，还有人碰到过他们一起喝酒。有的还说他在云周西村散布"没地主"，"地主都是空架子"，"土改没意思"等流言。

但为了慎重考虑，石世芳又叫人找来了刘马儿，进行了当面询问。果然事实与刘马儿说的一样。石世芳感到石五则离革命队伍越来越远了，他意识到问题的严重性。石世芳说领导干部中出现了这样的问题是他没想到的，不弄清问题，群众就不好发动，斗争就不能继续。于是与大家研究，要先弄清石五则的问题，会后工作组分头去调查石五则与地主的关系。

经过几天调查，刘马儿说的情况属实，石五则还接受过石玉璞一百二十多块大洋。石五则还拉拢落后群众，要在土改斗争中替石玉璞开脱罪责，混淆是非，转移斗争目标。

石世芳和吕梅把这些情况汇报区委，区委认为石五则已蜕化变质，叛变革命，开除了石五则党籍，撤销了他农会主任职务。胡兰在这次党员大会上不畏强权、坚持原则的行为受到同志们的好评。

独探魔爪

　　文水县土地改革落下帷幕。不久，老蒋就有些坐不住了。他想一个人独掌大权，于是就把魔爪伸向了红色根据地。炮弹说响就响了，他首先把大批的军队调集过来，准备进攻延安。山西我军主力部队被调到黄河西部去保卫延安，保卫党中央。当时，阎锡山部趁我军主力部队调走之机，调兵遣将，企图围剿革命根据地。云周西村一带的形势一天比一天紧张起来，阎锡山的七十二师的二一四、二一五、二一六三个团，先后开到了文水境内，在孝义镇、开棚、石侯等地安营扎寨，修筑工事，习武练兵，对解放区虎视眈眈，随时有大举进攻解放区的可能。

　　这个时候，区里干部忙乱起来，分头去各村动员群众，进行备战。过去刘胡兰常跟吕梅去工作，现在人手紧张，也只得单枪匹马去行动。她去了这个村，又忙着去那个村，整天马不停蹄。虽然她在区里分管妇女工作，但现在她每到一村一切工作都要做，连交公粮搞水利村干部都要请示报告她，忙得她焦头烂额，不知早晚黄昏。

　　1946年11月初，胡兰去保贤村协助村干部动员新兵。

　　原打算住几天，没想到工作进展顺利，头天去第二天就完成了任务。回到家已经天黑了，妈妈告诉她吕梅说要派她到西山工作。胡兰听后以为组织又要送她去学习，高兴极了。

　　刘胡兰听说吕梅来过村里，她想吕梅在信贤村参加县里召开的会议准是开完了，肯定有重要决定。于是，她喝了两口水，想在村里转一转找吕梅了解一下会议内容。正要往外走，妈妈叫住了她，说："你是要去找吕梅？她说她今天晚上住到大象，明天上午不来下午来。她让你在家等她。"

　　胡兰就再没走，而是从身上掏出个破笔记本和笔，凑在如豆的油灯下想把动员新战士的经验总结一下。可是她静不下心，她老想去山里的事，她太向往山里的老根据地。她在想派她去山里，肯定是去学习，她听说过根据地里有学校专门培养一些年轻而文化水平低又缺少工作经验的地方干部。她想要是学习两年，那该多好哇！胡兰越想，心里越是激动，好像她马上就要去老根据地学习一样。妹妹爱兰在一旁一个劲地问她山里有没有狼，山里人吃什么，山里石头多大，开始胡兰还回答她，问烦了，她说："我也没去过，谁知道呢？"

　　第二天早饭后，胡兰打算到大象镇去找吕梅，一来可帮她工作上的忙，二来也可以听她传达上级会议精神。胡兰走到村口时就看见吕梅骑着自行车来了。两个人见面后坐在村边的一块石头上就谈起工作来了，胡兰先向吕梅汇报了在保贤村动员新战士的情况。吕梅传达了信贤会议精神。吕梅把当前时局作了分析，她说阎锡山已准备在这个时候对文水平川的革命同志进行屠杀，企图摧毁民主政权和党的组织，所以斗争形势更加严峻。为了应对这场残酷无情的斗争，县委根据地委的指示和要求，准备把县、区、村各级机关进行整顿，抽出一些有武装斗争经验的人组织成武工队，挑出年轻力壮的人留下来工作，其余老弱病残和名声很"红"的干部，一起转移到山上老根据地。区委根据实际情况，对全区干部进行排查，确定了去留人员。区委考虑到石世芳目前重病在身，刘胡兰年轻，所以让他们转移到山上。

　　胡兰听完吕梅的话，她明白了组织上叫她上山不是学习，而是把她保护起来。想到目前形势如此严峻，斗争越来越复杂，留下来的同志担子更重了，自己要是上山了，就再也不能帮助他们工作了。想到这，她抬头望着吕梅说："我还是留下来吧。我身体结实，能跑能跳。虽然我工作能力不强，可是干不了多的少的能干。再说形势这么紧张，更需要有人做工作。"

"胡兰，既然组织上这样安排就是有道理的，你要知道今后的环境会越来越恶劣，斗争会越来越残酷，敌人的势力会越来越强大。区委考虑你年轻，斗争经验也少……"

胡兰不服气地说："谁都是从年轻长大的，再说你不是常说要在斗争中锻炼吗？"

"可你还是个年轻闺女呀……"

"你也不是老太婆呀！"胡兰笑着说，"吃苦我不怕，你能坚持我就能坚持。再说我对这一带熟悉，这是开展工作的一个有利条件。"

吕梅说了半天，也没有说服胡兰。后来只好说："你的意见也值得考虑。不过这是区委的决定，我个人不能擅自改变。你的意见，我转给区委，再做商量。……"

下午吕梅回到了区公所，王书记在炕头擦枪。王书记见吕梅回来了，就问："你和他们都谈过了吗？"

"都谈了。其他同志都同意区委决定，就是胡兰有些意见，她要求留在村里。"

"为什么？舍不得离开家？"

"不是！"

"你是不是没有把当前的形势给她讲清楚？"

"讲清楚了！"

"那她为什么要留下？"

吕梅把胡兰要求留下来的理由给王书记说了一遍。王书记惊喜地说道："想不到！胡兰虽然是一个新党员，在紧要关头却能从大局着眼，从党和人民的利益出发想问题，不计个人得失和安危，真不容易，了不起！"王书记又回头问吕梅："你的意见呢？"

吕梅说："我觉得胡兰的意见有道理，可以考虑。"

王书记说："是啊，是有道理。晚上区委开会，我们将胡兰的意见在会上讨论一下。"

当天晚上，区委开会在研究完其他事项后，最后王书记提出了胡兰的请求。大家听了后都对胡兰的行为表示敬佩。通过认真研究，区委认为胡兰虽是区里干部但还兼任村里干部，留在村里人熟地熟，便于工作；她刚入党，只是少数党员知道她的党员身份，其他人还不知道，不会引起敌人注意；胡兰是自己主动要求留下的，说明了她的决心和信心是十足的，组织上要充分信任她；同时也考虑到留下来的人本来就不多，多留下一个党的力量就会加强。

就这样会议决定批准刘胡兰留下坚持工作。

吕梅再次来到了云周西村时，见了刘胡兰，告诉胡兰区委决定她留下来。胡兰微微笑了笑，知道这是党对自己的信任，也明白这是一副沉重的担子，她心里很激动，一把握住吕梅的手，双眼饱含深情，坚定地说："我一定要把工作干好！"

形势越来越紧张。决定转移到山上去的同志陆陆续续都走了，最后石世芳也要走了。石世芳走的那天，胡兰为他送行，他躺在担架上，拉着胡兰的手说："胡兰，现在的环境已不同从前了，我们走了你的担子更重啦，任务更加艰巨。工作中要讲策略，既要把工作做好，又要隐蔽自己的身份，巧妙同敌人斗争。"

胡兰点点头，坚定地说："世芳叔，你放心走吧。"胡兰笑了笑又说："你要养好病，等我再见到你的时候，你要从担架上下来了。"

　　石世芳被人抬着上路了，走出不远，他回头对胡兰喊道："工作要小心点！"

　　胡兰没有回答他，此时此刻胡兰被革命同志之情深深感动，激动得说不出话来。

忠贞不渝

　　自从石世芳那批干部转移到山上去以后，形势就更加的严酷了。敌军提出了"水漫式进军解放区"，文水平川除了原先驻扎的七十二师外，敌人又调来了三十七师一部分，外加保安一团和保安六团。11月驻在平遥的四十四师、驻在汾阳的七十四师，也向文水平川洪水般漫过来。

　　吕梅和胡兰当时主要是到各村督促检查备战工作，动员群众埋藏公粮，安排地下斗争。头几天来来往往还是在白天活动，和区上的同志还能取得联系。可敌人逼近时，各组织的同志只能东躲西藏，钻敌人的空子工作了。阎匪军的到来给当地的恶霸地主、特务分子、地痞流氓撑腰，他们互相勾结，成立反动武装，搜查革命干部，欺压百姓，作威作福。胡兰和吕梅白天躲在野外，晚上才能回村联系村里干部，了解情况，研究办法对付敌人。

　　1946年11月15日晚上，胡兰和吕梅到了贯家堡。她们进村后，直奔农会秘书李宝荣家。拐了两三个胡同，就找到了。黑灯瞎火，怕弄错了地方，吕梅看了看门洞，又仔细看了门框和门上的锁环，上前轻轻地敲了几下门，门开了。李宝荣见突然来了两个区上的女同志，又惊又喜，关切地说："哎呀，情况这么坏，你们还没上山？一定是从野地里回来的吧，天这么冷，快先到炕头暖和暖和。"李宝荣老婆一见来了人，也没多说话，忙着烧水做饭。李宝荣笑着问吕梅："你们是来检查备战工作的吧？"接着他汇报了情况，他说村里公粮、账簿都埋藏了，地下斗争的一套人马也配备齐了，应该撤走的干部都已打发走了。

　　吕梅问他："为什么你还在这里？"

　　李宝荣笑道："老实说，我就没打算走。匪军还没来，村里地主富农都挺着胸脯走路了，我要走了，群众情绪会受影响啊！"

李宝荣五十来岁，一条腿有点跛。他是抗日时期的地下党员，多年来一直担任农会秘书，并兼任党支部书记，是个对党的事业忠贞不渝的好同志。他家就四口人，一个儿子和一个小女儿。儿子已是共产党员，是村里的民兵。老婆韩桂英也是老党员，多次去侦察敌情、送情报。这一家人可算是有名的革命家庭。

虽然说家里人都革命，但吕梅还是担心他的安危。吕梅对李宝荣说："坚持工作重要，但是保存革命干部也重要，还是早点上山好。"

李宝荣坚持说："敌人来了就出去躲两天，如果在村里待不住了就带民兵去打游击。总之能坚持住。"

李宝荣谈笑风生，根本没把个人的安全当回事。可当他知道吕梅和胡兰现在已和区上失去了联系，就着急了。他想了想说："情况这么坏，你们不能到处跑，太危险。你们住我这里，我先派人去打探一下，看是否能与区上取得联系，等联络好了，你们再走。说老实话，你们是区干部，你们不像我，我就是个村干部，就是敌人抓住了我，关系也不大。我就管这点事，敌人也不能把我怎么样。"

李宝荣几句话，说得胡兰和吕梅心里暖融融的。吕梅和胡兰想：什么是同志之情，这才是真正的同志之情。

李宝荣招呼吕梅和胡兰吃了饭，便说："今晚就住在我家，反正我爷俩也不在家睡觉。这几天，我和民兵巡夜，晚上不睡白天睡会儿。"说完披上一件皮袄一跛一拐地走了。

李宝荣走后，李大嫂就给吕梅和胡兰拾掇床铺，安顿她俩睡下。鸡叫时分，胡兰忽然被一阵低低的讲话声惊醒了，睁眼一看，原来是李大嫂和吕梅说话。吕梅也是刚醒来，还在揉眼睛。她一边穿鞋，一边问："听得清楚吗？"

李大嫂说："不真切，隐隐约约能听见。"

胡兰急忙爬起来，问道："怎么？有情况？"

"说不准，刚才听到村子南面打枪了，响了好几阵。"

吕梅一面从枕头下摸出枪，插在腰间，一面对胡兰说："收拾东西，我到外面看看。"

胡兰收拾东西，李大嫂捅开了火烧水，一面骂道："唉，这个卖国贼，打日本他不出一兵一卒，如今太平了，他就祸害老百姓。害得黑天白夜不安生，睡个觉都不安稳。"说着连连打了几个哈欠。

胡兰这才看见，小孩子睡着了，李大嫂那个铺盖卷没有打开。胡兰明白了，李大嫂一夜守着她们就没睡。胡兰心里好感动。

这时，胡兰听见院子里传来一阵沉重的脚步声。李大嫂忙向窗外问道："谁？"

"我，还有老李。"

李宝荣和吕梅回来了。李宝荣脸冻得通红，胡子上结着白霜。他一拐一拐地走到炉灶前，边伸出两只大手烤火边说道："我派出去的人找了好几个地方，没有找到区上干部，有人说前几天见过，现在不知转移到哪里去了。"接着他不安地说："情况不好，刚派出去的人说，敌人半夜过了河，现在住在胡家堡做饭吃，不清楚要干什么？"

听说敌人临近了，屋子里的气氛也紧张起来。李大嫂急得团团转，拍着手说："敌人离这里只有七八里地，抬腿就能来，这可怎么办哪？"

李宝荣见老婆沉不住气，大声说："怕什么，敌人又不马上就来。"

吕梅想了一会儿，问李宝荣："你说敌人到胡家堡是要扎据点，还是有别的什么阴谋？"

"这事不好说。半夜，文水和交城成立的那个联合武工队来了两个侦察员，我给他们派了两个向导向前边去了。刚才打枪，也许是和敌人哨兵交火了。"

吕梅听说有侦察员，忙问："你没问他们这队伍住哪个村子？"

李宝荣说："听侦察员讲他们住在南白家村。"

"我看，我们已和区里失去了联系，不如跟着这支队伍，肯定要好活动些。"

李宝荣说："这也是个办法，那就行动吧。"

吕梅和胡兰要走，李大嫂忙包了几个干饼子塞进胡兰的包袱里。李宝荣说派两个民兵送一下，吕梅谢绝了。

李宝荣一直把她们送到了村外，指给她们去南白家庄的道路。

虽是初冬，但天气十分冷。天快亮了，可夜色更暗。天空没有星星，四周也看不到一线灯光，到处黑洞洞的，多亏前几天下过雪，现在还有残雪没有消融，借着雪光，勉强认得清道路。吕梅前半月走过，对这条道路倒是不太生疏，所以两人走得还较快。

夜静得让人害怕，很远就能听见汾河的流水声。胡兰和吕梅偶尔还听见铁路上火车的鸣笛声，看得见车头灯像萤火虫似的，她们知道那是阎锡山在调动队伍的兵车。她们谁也没说话，只顾赶路。

她们快走到南白家村时，天已亮了。在村外，吕梅停下了脚步。她们向村里打望了半天，望不见一个人影。吕梅说："怎么不见队伍的哨兵呢？"

情况太复杂，她们不得不小心从事。吕梅和胡兰坐在土堰上，一边休息，一边等看村里有没有人出来好问问情况。可是等了好一阵，还是不见有人出村。吕梅把小包袱递给胡兰说："我去村里看看，你在这里等着我。"

胡兰不想让吕梅一个人去冒险，争着要一块去。吕梅说："两个人都去，要出了事，损失不更大吗？再说这村里的大小干部我都认识，有情况，也好处理。"说完就大步流星地向村里走去。

吕梅走了没多久，就听村子北边响起了一片枪声。

枪声越来越密集。胡兰不由得吃了一惊，忙站起来向村中张望，看见有人在街上奔跑，接着有人跑出了村子。

跑出来的有男有女，有的提着包袱，有的拉着小孩，有的扶着老人。胡兰忙上前打问，人们边跑边说阎匪军来了。胡兰听了，心里急得直跳。她想到了吕梅，就不顾一切往村里跑去，没跑多远，迎头碰上几个逃难的群众，内中有个老汉拉住她，训斥道："你找死呀，还往火坑里跳？"其他人也纷纷告诉她敌人进村了，劝她赶快走。

胡兰只好转身跟着人们往回跑，躲到一片坟地里。喘息未定，胡兰急忙向躲在坟地里的人打听吕梅的下落，可谁都说不清楚。胡兰急得不知道如何是好，她爬上一个最大的坟头，两眼不眨地望着村庄，她多么希望吕梅这时就从村庄里跑出来啊！

可是望了半天，脖子都望酸了，也不见吕梅的影子。胡兰失望地坐在石碑的基座上，一会儿她还是忍不住，又爬上坟头，向村庄望去，她这次看到了村边站上敌人的哨兵了，胡兰心里不由得凉了半截。

这时，她还看见从村南边开来一批队伍，虽然离得远看不真切，但从服装的颜色看那也是阎匪军。紧接着西边大路上也发现了敌人。这两股敌人互相用军号进行了联络，随后都向南白家村奔跑，对南白家村形成了合围之势。看来敌人是想消灭武工队。后来两股敌人进了村，一会儿村里冒起了股股浓烟，但不知道敌人是在烧房子还是在烤火。

　　大家躲在坟地的树阴里，不敢乱动，怕引来了敌人。太阳当顶，村里的敌人也不见行动，恐慌中胡兰感到自己肚子有些饿了，她才想起自己走了半夜路，直到现在还没有吃东西。她解开包袱，拿出李大嫂给她们的干饼，刚咬了几口，周围一圈孩子眼巴巴地望着她，虽然没有伸手问她要吃的，但她知道是想吃了，于是就把几个干饼全拿出来分给了孩子们。胆战心惊的大人们虽没说一句感谢的话，但都向她投去了钦佩的目光。

　　半下午，有个拾粪的老人来到这里，说敌人保安六团进驻了村子。胡兰问他看见一个大个子外村妇女没有，他说混在人群里跑了。

　　大家分析了老汉说的情况，有些年老年少的准备回村，他们想敌人也不能把他们怎样，有些青壮年人在外村有亲戚的就去投奔亲戚了。胡兰考虑了好久，决定先回云周西村。

　　胡兰从坟地走到云周西村口的时候，天已经黑了。她不清楚村里的情况，也不敢贸然回家。她站在村口想了想，然后就绕着护村堰向南走，一边慢腾腾地走，一边机警地观察村子里的动静。走了没多远，忽然看见前边有个人影，不时弯腰拾东西。

　　胡兰立刻收住了脚步，爬到了护村堰的土坡上，以免那人看见了她。细细看了半天，这才认准了那人是张年成，紧张的心才平静下来。张年成的情况胡兰是知道的，年轻时游手好闲，当村里驻了八路军时，他非要参军，当时部队看他决心很大，就同意了。参军几年经过在部队锻炼，烟酒都戒了，对人也有礼貌了。后来战斗负伤落下残疾，转业回到村里，村里给调剂了几亩地，庄稼也种好了。

　　刘胡兰走近他，低声问："年成哥，村里情况怎么样？"

　　张年成抬头见是胡兰，忙说："没啥情况，前两天匪军来过两次，听说只是在大象驻下了一个营，还有个机枪连，其他村还没有敌人。"

胡兰听他这么说，才放心地走进村里。到了家门口，大门紧闭，她拍了几下。屋里传来她爹的声音："谁？"

"是我！"

大门"吱呀"一声打开了。胡兰走进去，爹又四处张望了一下，慌忙关上门问道："你怎么这时候回来啦？"

胡兰没有解释，只是"嗯"了一声，便走进了西屋里。

爱兰一见姐姐回来，高兴得眼睛发亮。她一下扑在胡兰身上，抱着胡兰，"姐，姐姐"叫个不停。妈妈又惊又喜地问道："这几天你在哪里呀？我和爱兰常念叨你。"

胡兰有气无力地说："在贯家堡一带，有什么吃的东西没有？"

胡文秀见女儿说话少气缺力的样子，知道是饿坏了。可家里没有现成的吃的，于是连忙收拾做饭。她边洗手和面，边向胡兰讲："你走的这几天，匪军来了好几回。有一天来了上千人，家家都住满了。他们明抢暗偷，打人骂人，跟日本鬼子差不多。"

胡兰也正想了解村里情况。她接过爱兰递来的一碗水，边喝边问："匪军在村里抓人没有？"

"那倒还没有。不过，这几天在大象的匪军三天两头到村里要吃的，要花的，只要他们需要就拿走。"

正说着，大伯从外面回来了。大伯一见胡兰就说："你怎么现在回来了，这日子简直没法过啦！"

他说着坐在箱子上，把石玉璞家女婿——大象的恶地主吕德芳，纠集了一伙地、富子弟和流氓地痞，组成了"奋斗复仇自卫队"，整天领着这伙地主武装，在附近村里为非作歹，还有匪军把石佩怀委任为云周西村村长等事给胡兰说了。

大伯叹了一阵气，气恨恨地说："眼看天下变成匪军的了，你说我怎么办？"他不等胡兰说话，又接着说："我向石佩怀说不干了，他说这么多年你都干了，你现在不干，是什么意思？要硬不干，这些人肯定要和我翻脸。可是不辞职，我就被逼着给阎锡山办事，那不成了反动派！"

大伯越说越有气，好像与人在吵架。

妈妈和爱兰把饭做好了，胡兰狼吞虎咽地吃起来。边吃边想大伯的事，胡兰知道村里留下了我们的地下党，还安排了暗村长，可公开的敌人政权里面却没有我们的人。她忽然觉得这是个漏洞。如果敌人里有我们的人，那工作起来就方便多了。想到这忙向大伯说道："大伯，依我看，闾长你还干着。"

大伯气呼呼地说："什么？这是你们区干部说的话？让我给阎锡山干事，跟着敌人祸害老百姓？这不是坏良心吗？"

胡兰没有吭声，等大伯火气下去，她才说："你要硬不干，石佩怀不会放过你；再说要是换上一个坏人，跟敌人一起干坏事，那不是正好帮了敌人忙？"胡兰见大伯听得很认真，接着说："咱们的人并没有真正离开这一带，万一哪天打回来了要吃饭，找谁去？找石佩怀？"

大伯没有吭声，好一阵才说："我怎么没想过这层意思。"

大伯有些服气了。

胡兰说："日本鬼子统治的时候，你当闾长，可没有替他们干事，群众看得见，所以后来也没人说你是汉奸，对不对。这说明，你只要不干坏事，人们就认你。依我看，你还要表面与石佩怀套点近乎，才能更好地为革命多做些工作。"

大伯服气地说："看不出，你当了区干部，看问题透彻多了。"接着他又问胡兰："我们的大部队多久能回来？"

"总有那一天。"

大伯关切地说："你打算怎么办，还走不走？"

胡兰告诉他不走了。大伯说："那要小心，白天不要出门。"说完，提着烟袋走了。

奶奶死后，大伯就成了刘家当家人，什么事都要听大伯的。今天大伯辞闾长的事却要和她商量。胡兰觉得大伯不是和她这个侄女来商量，而是觉得她是区上干部，是向上级领导讨主意来的。胡兰意识到老百姓没有了党的领导，问题有多么严重，自己虽然是区里的一个妇女干部，可此时在没有其他领导人的情况下，她就要对革命负起责来，想到这些，胡兰觉得自己的责任非常重大。

胡兰吃完饭，把带回来的文件收藏好以后，又去北屋看了看爷爷和大娘。看天气还早，便决定趁黑到村里找找自己人，了解一下村里的情况。她决定先去郝一丑家。

郝一丑是抗日时期的地下党员，暗里做过不少工作，但从来没让他担任过公开职务，一般老百姓还当他是个普普通通的老百姓。在敌人"水漫平川"之前，村里"红"了的干部都撤走了，组织上决定让他当暗村长，领导云周西村的工作。胡兰知道郝一丑是村长这事，是她入党以后。

这天晚上，胡兰走到郝一丑家的时候，只见大门虚掩着，往里一推，门铃"叮当"响了两声，屋里有人问道："谁？"胡兰应了一声就走进了北房。房里除了他们夫妇俩，石三槐和石六儿也在这里。小孩子们已经睡了。他们几个人围在灯下剥棉花桃。见进来的是胡兰，他们很高兴，热情地让胡兰坐到炕头。问她从哪里来？什么时候到家的？胡兰都给他们说了。郝一丑冲媳妇努努嘴，老婆就去把大门关上了。他们几个没等胡兰问他们，就你一言我一语抢着讲开了村里的情况。他们讲了成立地主武装，也讲了石佩怀当了村长。这事胡兰虽知道，但他们讲得更详尽。

石三槐说："石佩怀可抖起来了，吃香的喝辣的，仗着匪军的势力，欺压老百姓。在街上公开拍着胸脯叫嚣：'凡是给八路军办过事的人，只要到我名下投案，我石某人担保……'"

郝一丑打断他的话说："要紧的是，这家伙威胁干部家属。要各家赶快把人从外面找回来，或是告诉他们去了什么地方，只要给他透个风，他就保证你身家财产不受损失，否则他就报告给国军。"石三槐接着说："这个狗杂种，前天威胁照德家说：'别看你是村长，只要我说你是八路军的人，就够你吃喝的。这杂种你说坏不坏？'"

胡兰听了非常气愤，她觉得这个情况非常重要。她又问石佩怀威胁过谁，他们又一一说了。他们还念叨，去了谁家，说了什么话。数来数去，石佩怀去过八家，差不多凡是转移走了的家属家他都去了，就是没去过胡兰家。

"为什么不去胡兰家？"

"大家在猜测，石佩怀肯定认为胡兰是个年轻闺女家，给八路干点事，看匪军来了就怕事躲藏起来了，他也不放在眼里。"

石六儿说："他没想到，胡兰现在就在村里。"

胡兰问："石玉璞怎样？村里那些地主富农有什么动静没有？"

石三槐分析说："表面上看不出来，石玉璞是个老滑头，整天在家不出大门。"

郝一丑接着说："俗话说，咬人的狗不露牙！反正他有女婿替他打天下，他肯定在背后当军师。"他抽了几口烟，接着说："还有刘树旺走了，究竟去哪里了，想干什么？如今还不知道。"

胡兰说："表面上还平静，还不清楚情况还要怎么变化发展，大家要提高警惕。"

石三槐说："目前看，石佩怀是个问题，不清楚他又会出什么乱子？"

胡兰问郝一丑："这些情况给区里汇报没有？"郝一丑吞吞吐吐地说："这个……这不是正好你回来了，你看怎么办？村里好多人要求镇压石佩怀！"

石六儿说："依我看趁早把这狗日的悄悄收拾了，要不日后非得出大事不行。"

胡兰坚决地说："那可不行。不经政府批准，咱们不能乱来。"她又对郝一丑说道："我看需要把这些材料赶快整理出来，报到区上，看看区上的意见再说。"

郝一丑"嗯"了一声，点了点头，没有再说什么。

这天晚上，胡兰在郝一丑家谈到二更天才离开。临起身，郝一丑说要送她。胡兰猜想他一定有什么话要说，就点了点头。两个人相随出了门。路上，郝一丑低声说："你让我向区上汇报，找不着他们啊。"

接着他说地下交通员也没来过，也不知道区公所是撤走了，还是出事了。郝一丑最后问胡兰："区上情况你大概知道吧？"

胡兰没有吭声，叹了口气才说："我也和你一样，找不着区上的干部。"接着她先把和区上失去联系，后来又和吕梅被敌人冲散的事说给了郝一丑。

黑暗中两人默默地走着。夜很静，村子里死气沉沉。

郝一丑突然说："你说吧，该怎么办？你怎么说，我怎么做。反正我听你的！"

胡兰不好意思说："一丑哥，看你说的。"

郝一丑认真地说："你别多心，论年龄，我比你大，论入党我比你早。可不管怎么说，你现在是区上的人，特别是在这种情况下，你就是上级。"

胡兰想，在目前的情况下，一不注意，任何小的错误就有可能给党造成重大损失。自己怎么负得起这么大的责呢？可转念一想，觉得这又是义不容辞的事。一个党员越是在困难时，就越是要挺身而出。就是千斤重担，也要挑起来！

这时他们走到了胡兰家门口，两人话还没说完，又说了一阵。最后决定一方面在村里继续坚持工作，注意敌人动向，收集石佩怀的材料；一方面派人去探听区公所在什么地方和吕梅的情况。胡兰觉得石三槐当了多年村公所的公人，在外面眼熟，虽不是党员，但忠厚老实，最后把这个任务给了他。郝一丑也认为这样可行，就决定了。

第二天上午，胡兰去看金香。金香见胡兰回来了像找到了主心骨，于是，胡兰要求金香第二天与自己装着去串门，分头访问一些人家，收集村里情况。经过几天访问，很多人要求除掉石佩怀，特别是那些干部家属都担心石佩怀翻脸坑害人。在访问中胡兰发现一个更重要的情况：石佩怀在暗地里打听公粮藏在什么地方。看来这家伙要死心塌地为敌人卖命。

这期间，胡兰和郝一丑暗中接过几次头，把这些情况汇总在一起，写成了材料。这时石三槐也打听到了陈区长的下落，他带着武工队在南面一带活动。胡兰和郝一丑研究了一下，决定由郝一丑带着材料，假借走亲戚，到区上去请示。过了两天，郝一丑回来了，材料陈区长也看了，但说他无权处理，要等县里指示。陈区长还给胡兰写了一封信，叫她留在村里工作，做好对敌斗争。

振奋人心

1946年12月21日，是一个令云周西村人振奋的日子。

那天晚上胡兰正就着一盏油灯和妹妹在灯下补衣服，石六儿来了，对胡兰爷爷说要借条口袋用用。

石六儿一向不上她家借东西，今天来得突然，胡兰想没准有事打着借东西的幌子，专来找她的。

于是，胡兰点燃纸灯笼，对妹妹说："爱兰，你把灯提过去，给爷爷照着，让爷爷找口袋去。"爱兰提着灯向爷爷走去。

支走了爱兰，石六儿见眼前没其他人，凑到胡兰跟前，对胡兰耳语道："陈区长回来了。"

胡兰又惊又喜地问道："在哪儿？"

"在他家。"

"就他一个人吗？"

"不，带着武工队。他要你去一下。"

正悄声说着，爷爷拿着条口袋进来了。六儿接过口袋说："明天我就送来。"说完走了。

胡兰忙把炕头上的东西收起来，给爷爷铺垫好被褥。随即跑到西屋里告诉爹妈，说她有事出去一下，并叫给她留下门。胡兰爹妈也知道她是为了公事，不便询问，也没拦阻。胡兰妈妈拿了条围巾，亲切地围在胡兰脖子上，嘱咐说："小心着了凉！"

胡兰"嗯"了一声，没多言语。

她跑到南棚下，从干草堆里找出前几天藏匿的文件取出来，揣到怀里，忙向陈玉莲家跑去。走出几十步，忽然又想到应该给同志们带点什么。但不知拿什么好，这时她想起了王根固说过队伍上的同志在没烟抽的时候，就卷树叶当烟抽。于是，她转身回到屋里，拿手巾包了一包烟叶子，这才匆匆忙忙出了门，摸着黑快步向陈玉莲家走去。

胡兰很激动，恨不得一步走到陈区长面前。好久没见到区上的同志们，她有好多的话想说，有好多的事要向上级汇报，现在终于见到了，她能不激动吗？其实胡兰家离陈玉莲家不是很远，但现在她觉得路好长。走到玉莲家门口，石六儿在门口，见胡兰来了便低声说："他们正等着你哩！"

胡兰进了院子，就直接进了亮灯的那间屋子。屋子里有好多人，有的躺在炕头上，有的坐在凳子上，有的伏在箱子上，有的在擦枪，有的在缝补，也有人靠墙睡着了，看来是累坏了。这些人胡兰大都认识，他们都是从前各村里的干部和民兵。

区上的通讯员正在烧火，陈大爷和三槐叔忙着和面做饭。大家见胡兰进来，都热情地和她打招呼。胡兰一下见到这么多同志，心里热烘烘的，好像很久没有见到亲人一样，说不出来的一种感觉，她眼里涌出了泪花，用手揉了揉，自己也不知道自己是想哭还是想笑。

她本来有许多话想与同志们说，可这时，百感交集，居然不知道说什么好了。想了想自己这出息，她自嘲地傻笑了笑。为了打破这种难堪，她忙解开了手巾，把旱烟叶全都倒在了桌子上。人们见了烟叶子，一窝蜂拥过来卷起了烟卷，个个啧啧称赞不已，连打瞌睡的人也给吵醒了。胡兰带来的礼物，同志们是如此的欢迎和喜爱，胡兰心里觉得莫大的快慰。

这时，她环顾一下四周，怎么没见陈区长？她正要发问，通讯员说，陈区长在陈大爷屋里。胡兰连忙跑到小西屋，原来陈区长和郝一丑正在这里谈话。陈区长头发胡子老长，人也瘦削了，衣服上好几处露出了棉花，猛一见，胡兰有些不敢认了。陈区长一见胡兰就连声说："快、快坐下，我们正等着你呢？区上和你们失去联系以后，大家都很挂念你们。看到你的信和材料，我们才放了心。"

胡兰不知吕梅跟他们有联系了没有，忙问："吕梅同志有下落了没有？"

陈区长摇摇头说："暂时还没联系上。老吕人熟地熟，我估计不会出什么大问题，要是出什么事的话，人们早就传开了。"

胡兰听后，这才稍稍放了点心。她又问了玉莲和芳秀的情况，陈区长说她们都上了山，很安全了。陈区长夸赞地说："你主动回村里坚持工作觉悟很高呀，而且工作也做得很好，收集了这么多有价值的信息，对革命工作很有作用。你做得对，这些日子够艰苦了吧，困难是暂时的，要相信，好日子不久就将到来。"

胡兰听了陈区长的表扬，不由脸红了，忙说："你和同志们才算艰苦呢，重担在你们身上，比起大家，我做的那事不值一提。"胡兰怕陈区长再表扬自己，把话岔开，问道："照德哥，石佩怀……"

陈照德区长忙说："县里已经批准镇压石佩怀了。我们今晚就是来执行这个任务的。"

胡兰听了，心跳都加快了，她高兴地看了郝一丑一眼，心照不宣地笑了笑。

这时，陈区长说："镇压石佩怀是为了杀一儆百，警告那些地主、富农和投靠敌人的人，谁要死心塌地和人民作对，谁要为阎匪军卖命，那就只有死路一条，绝对不会有好下场。同时这样也能为群众打气撑腰，让群众知道，革命队伍就在他们身边，不要屈服敌人，要坚持斗争，最后的胜利是属于我们的。"

陈区长越说越带劲，他双眼炯炯有神，充满了活力。胡兰这时才感受到陈区长依然是那样年轻。她向陈区长说："照德哥，你把棉衣脱下来，我给你缝缝。"

陈区长没有推辞，他把破棉袄脱下扔给胡兰，随即端着饭走到炉台前，继续说："前些时间，《解放日报》发表社论，说我们即将取得反蚕食斗争的胜利，再消灭蒋介石的一些实力，就可以进入全面反攻，蒋介石和阎锡山垮台的日子已经不远了。"

胡兰和郝一丑都很高兴，胡兰说："那我们要将这消息告诉给老百姓，也让他们高兴高兴。"

陈区长微笑着点点头。他放下饭盆，接过胡兰缝补好的棉袄，一面穿衣，一面向走进来的通讯员说："你去叫两个队员，把石佩怀押来。"

通讯员问道："押这里来？"

"不，押到村西口。你们去就说二区人民政府请他。"

郝一丑忙说："不行，那样，他家人就会猜到是你们叫出去枪毙的。那不暴露了武工队了吗？"

陈区长笑着说："就是让他知道哩！"

胡兰和郝一丑满脸疑云地望着陈区长，不知道为什么要这样做。

陈区长见他俩不明白其用意，忙解释说："如果悄悄把石佩怀镇压了，敌人一定怀疑村里还住着八路军干部。敌人要是报复，那样会殃及到老百姓，你们留在村里的干部就有危险。让他们知道石佩怀是我枪毙的，就会引开敌人的注意力。敌人知道了又怎么样，我们早走到山里了，他们去哪里找我们？同时，群众也知道我们的队伍就在山里，也可为群众壮胆，这不一举多得。"

胡兰和郝一丑听了陈区长的话，既感动又佩服，到底是上级考虑问题周到。这时陈区长又说："镇压石佩怀之后，你们要注意搜集群众的反应，同时也要注意敌人的动向。另外一点是关于今后的联系问题，我看就让我三舅跑地下交通吧！"

胡兰和郝一丑齐声应了一句："可以！"

接着胡兰从怀里掏出一些文件来递给陈照德说："陈区长，这是吕梅同志的文件，你看怎么处理？"

陈照德接过文件，说："等我看看再说，该烧的就烧了！你们手头有什么文件之类的东西，也把它销毁了。好了，你们回去，我们现在要执行任务去啦！"

胡兰回到家的时候，已后半夜了，全家人都睡了，只有爹还为她守着门。她回到房里，躺在炕上，心情却依然很激动。从陈区长的谈话里，她了解了全国整个解放战争的形势，共产党很快就会转入全面反攻，全国解放的日子已经不远了。想到这些事情，怎么不激动呢？她从全国的形势又联想到本地的情况。她很赞成郝一丑说的："只要全国形势好，我们就是再苦点、再累点，心里也是高兴的。"

这天夜里，胡兰翻来覆去没入睡。一时回想陈区长的谈话，一时又盘算镇压石佩怀以后的工作如何开展，一时又听听外面有没有什么动静。

陈区长派去的武工队员，很快摸到了石佩怀的家里，从睡梦中将他押走。他老婆见来了武工队的，很害怕，武工队员说："政府叫他去谈谈话。"石佩怀猜想大不了是骂他一顿，就跟着两个武工队员走出了院门，石佩怀一出门看到了陈照德，就觉得情况不妙，可能与他想象的不一样，就想往家跑，但说什么也晚了。于是，武工队员们你推我搡，就将他带到了村西口。陈区长数落了石佩怀的罪行，明明白白告诉了石佩怀人民政府要镇压他的原因，石佩怀听后吓得面如土色。随后，武工队员连开两枪，这个阎匪军的忠实走狗得到了应得的下场。

黎明时分，两声枪响打破了云周西村的宁静。石佩怀的老婆听到枪响，也猜到了石佩怀的下场。于是，她冲出门走上大街，就大喊大叫："共产党杀人啦！共产党杀人啦！"

她这样一叫，村子里有的大胆的人就出门望风，一会儿街上的人就多了。人们在大街上看到了政府贴出的布告，人们才知道村长石佩怀被政府枪决了。大家奔走相告，有的说："队伍打回来了！"有的说："石佩怀这个害人精给消灭了！"

有的说："死得活该，谁让他做缺德事！"石佩怀老婆天一亮，就哭着到大象镇向阎匪军报告去了。

胡兰家里人听到这个消息后，都说石佩怀死得活该，政府可算给村里除了后患。大伯悄悄问胡兰："昨天咱的人回来啦？"

胡兰点点头，告诉大伯说是陈区长亲自带着武工队回来干的。胡兰接着说："大伯，石佩怀死了，你是不是去帮忙张罗一下，看是该埋呢？还是……"

胡兰没说完，大伯就生气了，瞪胡兰一眼，朝地上吐了一口说："呸！我倒给他跪灵去哩！"

胡兰忙向大伯解释："大伯你先别生气，如今表面上你还是阎匪军的闾长，村长出了事，闾长还能不去管一管？面子上的事情总要过得去。另外也可以了解一下人们对这事的反应，对以后工作也有帮助。"

大伯听了胡兰的话，脸色和悦了些，最后赞许地看了看胡兰，一声不吭地出了门。

大 快 人 心

镇压完了大坏人石佩怀之后，真是大快人心。人们暗地里高高兴兴地说："这可给村里除了一大害！"过去有点悲观失望的人，如今情绪也变得高涨了，知道自己的人没有都撤走，这里不全是敌人的天下。连附近一些伪公所的公人，也不为非作歹了，都想给自己留个后路。然而，就在形势有所好转的时候，也就在石佩怀被处决后的第五天，大象镇吕德芳带着"复仇自卫队"到云周西村报复来了。

那天快中午的时候，来了几十个人，气势汹汹直奔陈玉莲家。因为陈照德和玉莲他们都转移到了山上，家里只有陈大爷，当时陈大爷去地里了。来人看到门是锁着的，三下五除二就把门砸开，先是用乱棒将家里有用的家当砸得稀巴烂。那些坏蛋砸累了，还休息了一会儿。之后，就提来两桶汽油洒在那些砸坏的家具上，然后，一个年轻人从远处扔过一个火把，只听"轰"的一声，屋子里就喷出一条火舌，毕毕剥剥就燃烧起来。顿时，浓烟滚滚，遮天蔽日。

在地里干活儿的人，还以为谁家不小心着了火，拿着救火的盆和桶就赶了过来，走近才发现站着两队荷枪实弹的人，明白了火是他们放的，谁也不敢去救了。只好眼睁睁看着火势蔓延，无能为力。

石六儿跑到地里，告诉了陈大爷烧他家房子的事，陈大爷一句话也没说就往回跑。跑到村口，就被人拉住了，不让他回去，怕他与那些狗日的冲撞起来吃亏。

这天恰好胡兰不在村里，一清早她就到东堡去找霍兰兰，一方面是去传达陈区长的那些胜利消息，更重要的是去了解情况。半晌午，她正打算回家，听东堡村里的人们传说，大象敌人到了云周西村。

后来又听说敌人在云周西村放了火。胡兰爬到高处瞭望，果然见云周西村里冒起一大股浓烟，看样子在村西一带，但弄不清是谁家的房子。胡兰看到这情景，心里又急又气，也不敢马上回村里。她在霍兰兰家待到太阳快要落山的时候，打听到敌人已经走了，这才离开东堡，回到村里。

胡兰向村里人询问了敌人来村的情况。人们说今天来的不是阎匪军，而是吕德芳的"复仇自卫队"，是专门来给石佩怀报仇的，烧了陈照德的房子，抢走了一些粮食和衣物。还委任了个新村长，是大象人，叫孟永安。他跟着敌人来召集群众训了一顿话，然后又跟随敌人走了，看他是怕在村里住。

胡兰进村后，首先跑到了玉莲家。一进大门，只见房屋倒塌，七零八碎。火早灭了，不过那些烧焦的椽子、烧毁的家具还在冒烟，满院子一股焦煳味，到处是破砖烂瓦。陈大爷和石三槐，另外还有几个邻居正忙着在瓦砾中搜捡没烧完的东西。

陈大爷满脸黑污，脸色气恼得怕人。胡兰本意是来安慰陈大爷的，可陈大爷一看见她，就瞪着血红的眼珠子，愤怒地说道："让狗日的们烧吧！房子能烧了，可心烧不了！"他拍着胸脯说："狗日的们以为烧了房子就完了，完不了！迟早总有算账的那一天哩！"

胡兰听了陈大爷的话，觉得再不用说什么多余的话了。她默默地帮他们把东西收拾完毕，天就黑了，于是她就去找郝一丑了。

胡兰趁着夜幕去了郝一丑家，郝一丑也知道了吕德芳来烧房子的事，他们在一起研究了"复仇自卫队"和匪军下一步可能的行动，提出了一些对策。他们最后决定，要想办法将这些情况报告给区委，做好打击敌人的准备。

匪军来了

自从吕德芳带着"复仇自卫队"到云周西村烧房子后，有十多天，敌人再也没有到村里来，大象据点也没什么动静。

表面上看起来很平静，实际上敌人暗地里正在进行阴谋活动。

那天"复仇自卫队"到云周西村烧了陈照德的房子，回去之后，阎匪军特派员张全宝把吕德芳给训斥了一顿，认为这种做法是打草惊蛇，他说重要的不是烧房子，而是要设法肃清共产党的地下组织。

张全宝当时交给吕德芳一项秘密任务，要他通过他老丈人石玉璞，首先摸清云周西村有哪些可疑分子，然后再一网打尽。敌人为了麻痹我方，因此这些天故意不到云周西村来骚扰，给人们制造只是烧烧房子，出出气就完事的假象。

1947年1月8日清晨，胡兰起来正在梳头，胡兰爹出去挑水听说阎匪军来了，就挑着个空桶返回来了。一进院子，他把桶担往地上一扔，慌里慌张跑到屋里说道："坏了，匪军来啦！"

妈妈忙问："在哪儿？"

爹语气急切地说道："在街上。我看见捆着张申儿、二痨气从东头过来了。"

胡兰听了，又是吃惊又是奇怪。她知道张申儿和二痨气既不是党员又不是干部，不知道敌人为什么要抓这两个普通老百姓。她忙问爹："你还见抓谁了？"

爹摇摇头说："只看见这两个，没见别的人。"

正说着，大伯和爷爷跑过来，听说匪军在村里抓人，都吓了一跳。

这时忽然听到街上传来一阵叫骂声和杂乱的脚步声。家里人都慌成了一团。妈妈要胡兰赶快出去躲藏起来。爹又说满街都是匪军如何出得去，出去不就抓住了。爷爷急得叫快把街门关上。大伯说，敌人要是来，不要说你关上门，锁上门也不顶事。

爱兰吓得脸色煞白，紧紧攥着姐姐胡兰的手，手心都出汗了。胡兰却显得很镇静，她不慌不忙安慰家里人说："敌人不一定是来抓我的。要是敌人真的来抓我，就是藏到箱子里柜子里，他们也会打开搜出来。就是吓得发抖，敌人照样不会饶你。怕是没用的。"

大伯说："你们先不要慌，让我先出去看看。"

大伯仗着自己是闾长，觉得匪军不会抓他。说完就到街上去了。

大伯出去不多一会儿就回来了，低着头叹着气，告诉家里人说，敌人已经走了，共捆走了五个人。

胡兰急忙问："捆定了哪些人？"

大伯说："除了张申儿和二痨气，还有石三槐、石六儿、石五则三个。"

胡兰听到石三槐、石六儿这些名字，不由得"啊"了一声，因为她清楚这些都是做地下工作的人，敌人对组织可能有所发现了。她又问大伯："来的是复仇队还是阎匪军？"

大伯说："匪军，是二连的许得胜带着人来的。看来狗日的们天不亮就来了。"

家里人听说匪军已经走了，胡兰没事，大家都松了一口气。虽然听到匪军抓走了人，都觉得不是滋味，但自己家的人毕竟没出事，也就放心了。随后各人干各人的事情去了。

胡兰又难过又愤怒，她紧锁双眉，一早晨一句话也没说。她一面猜测敌人的阴谋，一面苦想对策。眼看村里出了大问题，自己又是区上的干部，怎么能不着急呢？

吃完早饭，她决定去找郝一丑。正要动身，恰好郝一丑来了。妈妈不知道郝一丑是干什么的，不过心想，这个时候来找女儿，猜想一定是为公家的事来商量，说了几句应酬话就躲到北屋去了。爱兰机灵地跑到门口放哨。郝一丑见屋子里只留下了胡兰一个人，这才低声说："匪军抓人的事你知道了吧，下一步我们怎么办？"

"我看得赶快把这些情况向区长报告，另外要想办法打听被捕的人的消息。"

"这可太难了，大象镇那边没有我们的人呀！"

胡兰提醒说："六儿家妹妹贞贞不是嫁到大象镇上了吗？我想通过她也许能探听到一些情况的。"

郝一丑连声说道："对对，是条线，你想得比我周到。回头我到六儿家去说说。"

胡兰连忙说道："我看这样吧，咱们分分工，你去找区上汇报，家里事我来办。"接着她又很诚挚地说："一丑哥，以后你不要到我家来找我，有事托个人过来说一声，还是我去找你好。"

"怎么啦？"

"免得引起别人怀疑。我担任过公开职务，你和我不同，你的身份村里其他人不知道。现在情况越来越坏，说不定村里有敌人的眼线，盯梢你就麻烦了，你还是要多注意自己。"

郝一丑听了很感动。他说："你得多小心呀！"

胡兰笑了笑说："这个我知道。"

胡兰送走了郝一丑。妈妈见她把毛巾扎在头上，好像要出门，便苦口婆心地劝道："胡兰子，你看看，村里出了这么大的事，不要出去跑了，避避风再说。万一有个好歹可怎么办呀？有什么事让爱兰替你跑跑腿不行吗？"

胡兰说："这事爱兰办不到，爱兰只能替我办点别的什么事情。"说完她让爱兰先到街上看了看，然后就偷偷溜到了石六儿家。

石六儿被敌人抓走，家里人愁得没办法，一家人哭哭啼啼，乱成一团。胡兰劝慰了一会，又问他们石六儿被捕时的情况，是不是有什么人引着匪军来的？他家里人说，没有见人带路，匪军一直冲到屋里，抓上人就走，什么也没说。他们都哭天抹泪让胡兰给想办法救人。胡兰说先让贞贞打听一下石六儿的消息，然后再去营救。六儿妈这才忽然想起女儿，立即收拾穿戴，到大象女儿家去了。

胡兰离开六儿家，又去了被捕的其他几家都看了看，一来是安慰他们，二来是了解当时被捕的情况，好从中识破敌人的真正目的。

查访中，胡兰发现张申儿和二痨气是敌人在街上碰上，不问青红皂白就给捆上了，随随便便抓人，好像没有目的。另外三个是敌人到家里抓的，目标性很强。胡兰想：要是没人指引，敌人怎么会知道这三个人住的地方呢？莫非敌人早注意上他们了？说明村里有敌人的眼线。敌人为什么要抓张申儿和二痨气呢？是不是敌人上方有令要求必须抓够多少人？还是敌人打着另一算盘？胡兰越想越不对头，说不定是敌人在耍什么花招。

刘胡兰猜想的没错，敌人确实在玩花招。原来吕德芳通过他老丈人石玉璞，在村里活动了好多天，并没有发现党的地下组织，只是觉得石三槐当了多年公人，又是区长陈照德的舅舅，石六儿当过民兵。两个人过去和共产党关系密切，也许从他们身上或多或少找得到一些关于地下组织的线索。

　　而石五则的情况则是这么回事：在敌人进行"水漫式运动"后，组织上虽然因他包庇地主石玉璞开除了他党籍，取消了他农会秘书的职务，但组织上考虑石五则知道一些组织情况，怕敌人找他麻烦，为了他本人和组织的安全，就安排他转移到山上。可是他到了山上，嫌山里生活艰苦，又牵挂着二寡妇，就偷着跑回来了。石五则回到村里，他对其他人讲是临上山时被敌人冲散啦，在朋友家躲了些日子，后来打听到云周西村没住敌人，加上躲在朋友家也不是长久之计，就回来了。他自认为现在啥职务也没有，觉得没什么可怕了。其实，石五则回到云周西村，石玉璞是不知道的。

　　可石五则认为现在是阎锡山的天下，要想平平安安过日子，就得找个靠山，万一有个风吹草动什么的，也好有人庇护。他知道石玉璞的女婿如今是匪军的红人，土改时自己包庇过石玉璞，他觉得拉拢了石玉璞，就是给自己找到了一条被保护的路子。于是，他回来后的第二天，就找石玉璞拉交情去了。当时石玉璞也拍着胸脯对他说："你帮过我，我哪能不仁不义，一切由兄弟担保！"

　　石玉璞想他以前是农会秘书，在共产党里干过事，又是从山里跑回来的，可能知道共产党的一些情况，所以就报告给匪军了。本来，今天匪军只想抓这三个人，临出发的时候，特派员张全宝说再多抓两个老百姓，目的是给共产党和群众造成一种错觉，好像他们是随随便便就抓了五个人。

　　胡兰对这些情况一无所知。面对如此错综复杂的情况，又联系不到上级组织，胡兰一时也没想出个好办法。

　　那天，她心事重重，茶不思，饭不吃。既担心被捕的人的安全，又要考虑一下可能发生的情况。她觉得张申儿和二痨气不了解内情，即使经不住拷打，他们也说不出个一二三，不会出多大的事。可是另外三个人能经得住这个考验吗？她最担心石五则，他在敌人面前会不会下软蛋呢？不过石五则不知道党组织安排了郝一丑当暗村长，还在为党工作。想到这，心里多少轻松了些，她长长地出了口气。

疯狂审讯

在大象，敌人对抓住的那五个人，进行了两次轮番拷打。张申儿和二痨气是什么都说了，连家里养的牲口长了几处杂色毛都讲了，但是没有一点价值。石山槐和石六儿已做好了牺牲准备，就是不开口。以前的农会秘书石五则却向敌人下了软蛋，他把过去做过的事统统说了。他想共产党开除了自己党籍，又撤销了他农会秘书的职务，再说他还有一线希望，就是石玉璞要是知道了他的情况，也许会给匪军说情，保他出去的。正在石五则做着这个美梦的时候，敌人第三轮审问开始了。

那是一月十日上午。狡猾的敌人这次没有再审张申儿和二痨气，他们心里清楚，那是随便抓的老百姓，什么也不知道。于是，就将重点放在石三槐、石六儿和石五则身上。敌人先带上的是石三槐。

敌人问："石三槐，你想通了没有？说出共产党的地下组织就放了你，而且就是现在！"说着敌人用鞭子抽了他两下。

沉默了一阵，石三槐说："你们想从我嘴巴里得到共产党的消息，那是白日做梦。"

敌人见石三槐上来嘴就这么硬，大声说："给他点颜色看看！看你说不说。"于是两个匪兵上前将石三槐推倒在地，将一根木杠压在石三槐的两条腿上，接着两个人一齐踩在木杠的两头。只听见石三槐"哎哟"一声。接着敌人又是对他一阵拳打脚踢，但他咬牙切齿，就是不说一句话。时间一长，石三槐昏过去了。

接着敌人又推出了石六儿。敌人一句也没问，上来就劈头盖脸一阵乱打，顿时，石六儿血流满面，奄奄一息。

敌人知道从石三槐和石六儿这两个人身上打不开缺口，所以没有多问，只是想把他们打得皮开肉绽，目的是制造一个恐怖场面给石五则看。因为石五则在前两轮审讯时，就不断地说出了一些东西，敌人想如果再给他严刑拷打，会说出更有用的东西。

最后，敌人把石五则给推上来了，刚才石五则听到石三槐"哎哟"的惨叫声，他就吓得浑身哆嗦。现在看到石三槐和石六儿被打成那样，早吓破了胆。

一个大个子敌人走到石五则身边，一把将他按在一条登上，石五则像触电一样浑身一战，他以为敌人要给他坐老虎凳。

"石五则，你就自觉地说，你也看到了。"敌人指了指躺在地上的石三槐和石六儿，接着说，"不说，就是他们那个下场。"

石五则怕受皮肉之苦，忙说："长官，我都说过了呀！"

"想想，你还有重要的可是没有说哟！这个我们知道。"

石五则看到昏厥在地上的石三槐和满脸血污的石六儿，想了想今天这个局面，不说出点新东西，是过不了关的，这时他突然想起了刘胡兰与自己有过节，说出刘胡兰一事可以交差，另外也报复一下刘胡兰。他认真地想了一阵说："云周西村的刘胡兰是区妇联干部，现在还在村里。"

"你说的是实话？"

"真的，我从山上下来时，还见过她，她没有上山。"

敌人又仔细地问了刘胡兰的情况，后来石五则还说了些干部家属的情况。敌人果真没有打他。

敌人获得石五则的这一口供，如获至宝，立即写成报告，派传令兵送到了扎在文水城的团部。

11日下午，大象的匪军接到团部指令。当天晚上，营长冯效翼召开了紧急会议。参加会议的人除了副营长侯雨寅、营特派员张全宝、各连连长外，还有复仇队长吕德芳和新委任的云周西村村长孟永安两人。会上冯效翼宣读了团部的指令："一月十日报告悉，业已转呈师部，顷接师部指令：对你营此次破获云周西村地下组织刘胡兰一案，深为赞许。同时指责你营以往工作不力，地区开展缓慢，显系做法太软。今后要去掉书生习气，勿存妇人之仁。'宁可错杀一百，切勿放过一个。'速乘此良机，在云周西村开展'自白转生'，作出榜样。以逸待劳，彻底清除'伪装分子'。切切此令。"

接着，这些匪徒们就开始研究行动计划和部署，决定拂晓突击包围云周西村，由机枪连长李国卿负责警戒；二连长许得胜负责抓捕石五则供出来的那些人；云周西村村长孟永安负责召集全体村民开会；复仇队长吕德芳负责乱棍处死石三槐等人。特派员张全宝除负责总指挥外，要不惜一切手段，亲自促使刘胡兰"自白"。

情况紧急

面对疯狂的敌人，再镇静的人也会坐不住。六儿妈去大象打听消息没有回来，郝一丑出去找区长也没有个信，胡兰在屋里就像被人装到了瓦缸里一样，心急如焚。

胡兰盼星星盼月亮似的，盼望六儿妈能带回点消息来。可是胡兰叫爱兰去了她家好几遍也没个音讯。第二天下午，六儿妈从大象回来了。她一进村就找到了胡兰。她说被抓去的人都关在了武家祠堂里，已经审问两回了，除了石五则，其余的都挨了打。敌人拷打石三槐和六儿特别严厉，吊着打、压杠子、坐老虎凳，把各种刑罚都用上了，要他们说出村里哪些人是共产党员，以及共产党活动的情况。但他们什么也没有说。六儿妈说着说着哭了："贞贞今晌午给她哥送饭去的时候，六儿让她给你和郝一丑捎话，说：'看样子是活着出不去了，我和三槐叔已经商量好了，横下一条心，死也不投降。看来石五则靠不住，敌人一吓唬，他就爷爷奶奶地求饶，把他做过的事全说了，别的倒还没露，就怕敌人拷打、用刑审问。'"

胡兰听到这些情况，心里感到很沉重，同时又对石三槐和石六儿产生了一种尊敬的感情。她安慰了六儿妈一阵，见她情绪稳定了些，就送走了她。

胡兰送走六儿妈，忙着又打发爱兰去郝一丑家看他回来了没有，想把这些情况赶快和郝一丑研究一下，也想听听区上的指示。可爱兰跑了一趟回来，说郝一丑还是没有回来。

第二天，爱兰又去了郝一丑家三次，但郝一丑还是没有回来。他的家人也开始着急起来。胡兰更是替他担心，猜想他是不是找不到陈区长耽搁了时间？还是出去撞上了敌人？

　　胡兰一面焦急地等待郝一丑，一方面做着最坏的打算。她先把自己的东西都清理了一遍，把笔记本和一些信件都烧毁了。然后又偷偷召集以前的妇女干部开了个小会，嘱咐大家准备口供，万一被捕，应该如何对付敌人。并且动员远处有亲戚的人，最好出去躲几天。这期间，村里一些积极分子们，暗地里替她巡风放哨。她自己也提高了警惕，白天就到可靠的人家串门，夜里也不在自家住，东家睡一天，西家住一宿。为的是防备敌人突然来逮捕。

　　有天晚上，她住在了金香家。自从敌人在村里抓了五个人以后，金香妈李蕙芳很恐慌，整天为金香提心吊胆，相依为命的娘俩自从刘树旺家里出来后，就没过上一天好日子，金香娘怕金香出了事，自己就没法活了。金香也是害怕极了，整日里做噩梦，不敢一个人睡觉，所以胡兰就来作伴陪她。胡兰和金香这阵子都无心纺线做针线活，为了解除烦闷，她们炒了黄豆、瓜子，边吃边聊天，两个人都装作若无其事的样子。胡兰想给金香宽心，就故意讲些有趣的事情，可是说着说着，金香又扯到敌人身上。她问胡兰："胡兰子，你说敌人会不会来抓咱们？"胡兰道："你最好不要老想这些。"

　　金香苦苦一笑说："由不得就想到这事上了。"停了停，又关切地问道："胡兰，情况这么坏，我看你也不如出去躲几天。"

　　胡兰说："我妈也和我说过好几次了，不过我得先和区上联系再说。村里实在待不住了，也只好找个地方避避风头。"

　　两个少女又陷入沉思中，一时谁也没有心情说话。过了一会儿，金香忽又说："胡兰子，万一敌人抓住我们怎么办？"

　　胡兰直截了当地回答说："没有别的办法，只有两条路，一条是出卖革命，出卖同志，当叛徒；另一条路就是坚持到底，要杀要剐由敌人好了！"胡兰本想继续说自己自从入党那天起，就已经做好了为党和人民的利益牺牲一切的准备，下定了为党的事业献身的决心。但她想对金香说这些不太好，于是便说："唉，谁不愿活着，可是为了革命就要不怕流血，为革命牺牲了也是光荣的！"

　　接着她就说开了那些为革命牺牲的烈士们的故事。她说到了王占魁和武士信，讲到了张区长和武艾年……当她说到这些人的时候，情绪显得很激动，脸上流露出无比敬佩的神情。金香也受到了这种情绪的感染，也不像刚才那么萎靡不振，怕这怕那的了。金香情不自禁地向胡兰说道："不知怎么的，一说起这些事情来，心里就觉着有劲了，好像天塌地陷也不怕了，好像马上让我去死也没什么了不起。"

　　胡兰笑着说；"谁说你马上去死呀。谁也不会故意拿脑袋往刀刃上碰。我只是说，既然参加了革命，就应该有这么个决心。当然要争取更好的前途。不过也要做最坏的准备。"

　　这天晚上，她们俩谈到很晚才睡。金香听了胡兰的话一会儿就呼呼入睡了。

转移消息

金香睡着后，胡兰想着今后村里的工作，很难入睡。就在这时，胡兰听见外面有人敲门，她马上推醒了金香。两个人互相看了一眼，胡兰忙跳下炕来，走出屋门，金香紧随其后也出了门。她们来到院里，只见院邻老大爷站在街门跟前向外问道："谁？"

门外答道："我！"

胡兰她们听见声音很熟，可又想不起来是谁。又听老大爷问道："你是谁？"门外答道："听不出来吗？我是陈照德。"

胡兰和金香一听是陈区长，高兴得什么也不顾了，三脚并两步跑到大爷前边，开了街门。

月光下，她们看见门外除了陈区长，还有五六个武工队员。陈区长留了一个人在门口放哨，然后大家都拥进屋里来。

胡兰跟着他们回到屋里。只见陈区长他们个个冻得脸色发紫，有的人胡子上、眉毛上都结了一层白霜。她慌忙把炉火捅开，同时又迫不及待地向陈区长问道："一丑哥找到你没有？"

陈区长点点头说："昨天晚上才见到。有什么吃的东西没有？"

胡兰和金香一听这话，忙张罗要做饭。陈区长道："来不及了，我们马上要走。"

金香连忙把她家所有能吃的东西全找出来。胡兰也忙灌了一壶水，插到灶火里。陈区长一面烤着冻僵的手，一面向胡兰说道："情况很不好，听说敌人要搞什么'自白转生'，阎锡山规定召开群众大会，用毒打、屠杀胁逼共产党员、革命干部以及军属、干部家属和积极分子们自首。凡不'自白'的就要乱棍打死。看样子就是要来一场大屠杀。区里决定让你赶快上山。"他扭过头又向金香问道："你妈哩？"

金香告诉他说到亲戚家去了。

陈区长接着说道："刘树旺跑到匪军七十四师当了侦察排长啦，恐怕你在村里待下去也危险。我看不如和胡兰一块到山上去，过一阵再说。"

金香忙问道："什么时候走？"

陈区长说："越快越好。今晚上我们有重要任务，不能带你们，我们是绕道来先通知你们一声。明天你们到北齐村找安厚常，他会派人把你们送到山上去的。我已经给你们安排好了。"

胡兰问道："村里工作呢？一丑哥和你们一块回来没有？"

陈区长点点头说道："一切我都交代给他了。你放心走吧！这是组织的决定。"

胡兰问道："抓到大象去的那些人怎么办？能不能想法营救他们？"

陈区长叹了口气说道："唉！办法都想尽了，劫狱和偷袭都不行。敌人有一个营的兵力，还有一个机枪连。咱们武工队就一二十个人。硬打硬拼只会牺牲更多的同志。"陈区长说完低下了头。看得出来他心里很难过。他沉思了一会儿，又抬起头来说："你们放心走吧，我们会想尽一切办法营救他们。"

胡兰问陈区长吕梅有消息了没有。陈区长说道："哦，差点儿忘了告诉你。老吕已经转移到山上去了。"

胡兰听了这消息，心里的石头才算落了地。

陈区长他们吃了点干粮，喝了点开水，匆匆忙忙就走了。

胡兰、金香送走陈区长他们，赶快熄灯睡觉，想在第二天起个大早，准备上山的事情。可是两个人在炕上谁也睡不着。今天晚上是她们留在村里的最后一个晚上，两人心里都很难平静。金香心里很高兴，她真想马上告诉妈妈这一好消息，她用不着躲到亲戚家去了。她和胡兰上山，比到亲戚家要安全千倍百倍。可是她一想到马上就要离开妈妈，心里又一阵惆怅。前年在妇女训练班的时候，夜里常常梦见妈妈。这回上了山，不知道什么时候才能回来呢？

胡兰心情也很复杂，她很感激党对她的关怀，党对一个同志这样爱护，考虑得比自己想的都还周到。她真觉得很难过，她一时想到石三槐、石六儿，一时又想到郝一丑和陈区长他们。她想，今后这里的环境会更坏、更残酷，留下来坚持工作的那些同志们，不知会遇到多大的困难呢。后来她又想到了家里人……这时忽然听金香问道："胡兰，你睡着了？"

"没有。"

金香道："不知怎么的，我今天总是睡不着。胡兰你说咱们到了山上，会让咱们干什么？"

"不知道。反正听从组织分配吧！我希望是去学习班学习，多学点知识多好啊！"

金香翻腾着爬起来，伏在枕头上说道："我也是这样想，要能住几年学校该有多好！"

她们就这样你一句我一句说开了，从上山去学习，说到什么时候能回来；从目前的情况，又说到将来的情形。胡兰忽然向金香问道："我问你一个个人问题，全国解放以后，你打算做什么？"

"全国解放以后？做什么？我还没有想过这事。你等等，让我好好想想。"金香想了一会儿，说道，"就像吕梅姐那样，好好工作。唉！就怕我干不了，胡兰你想干什么？"

"以前我想将来最好当大夫。"

"大夫？就是看病先生吧？你怎么想干这个？"

　　"我自己都觉得有点好笑，你猜我怎么想到干这个？今年，不，已经过了阳历年啦，应该说是去年。去年秋天北贤战斗以后，不是给咱们村分来五个伤病员吗？我看见他们那么痛苦，心里真是不好受啊，可就是插不上手。当时我就想，将来一定要学当大夫……"

　　胡兰的话还没说完，金香就"哈哈"地笑了一声。

　　胡兰问她笑什么，金香说："是不是你想起了你的那个王根固了，你是看他生疥疮伤心了吧！"

　　"你小心我撕烂你的嘴。"胡兰就假装要揪金香。

　　金香一边躲，一边认真地说："你们这么久不见面，是不是特别想你的根固哥。"

　　胡兰沉默不语，一会儿说："的确，他是个好青年，思想也进步，人品也好。可惜，自从他从我们村去了大部队后，连个信也没有他的。"说着话，胡兰就从衣袋里摸出了王根固给她的那张手巾，看了看，又放起来了。好在金香不知道那是胡兰与王根固的定情物，也没问她东长西短。

　　金香说："等打完仗，你的王根固连长，恐怕会是团长了。那时他带着一团人来娶你这个新娘，该有多风光。"

　　胡兰笑了笑，那是一种发自内心深处的笑，也是世界上最甜蜜的笑。

　　金香说："要不，我将来也跟着你学当大夫吧！"

　　胡兰知道金香在取笑她，把话扯开说："我后来又想最好开拖拉机。有回报社来了个新闻记者，晚上住在区上，他和大伙谈闲话时候说，晋中平川这么好的土地，这么平，等全国解放了以后，要是用上拖拉机耕种，能多打好多粮食。"

　　金香听胡兰说出了个新鲜玩意儿，忙问："拖拉机？拖拉机是什么样？你没问问他？"

"我问了，可人家说他也没见过，他是从书上看到的，大概和汽车差不多，开动就能跑，能耕地……"

金香不等胡兰说完，就兴奋地说道："啊！那太好了。胡兰，要不将来咱们一块学开拖拉机吧！"

远处传来几声鸡叫，鸡叫头遍了。胡兰说："嗨！咱们扯到哪里去了。快睡吧，明天还要早起哩！"

两个人都不说话了，屋子里静悄悄的。

愁云惨雾

胡兰和金香还在睡觉，忽然一阵敲门声惊醒了她们。由于怕是敌人来了，两人显得非常机警，不约而同地问道："谁？"

"是我，快开门呀！"她们从门外人答话的声音，听出是金香妈李蕙芳回来了。两个人立即爬起来穿好衣服，出去开了院门。

李蕙芳一进门，带进一股冷气。她脸上冻得通红，呼出的热气遇冷后把眉毛和嘴边的围巾都染上了一层白霜。她又是搓手，又是跺脚，屋里暖和些，她的清鼻涕直往下流，她不住地揩，边活动，边都哝说："真是冷死了，浑身冻僵啦！脚都不像自己的。"

胡兰问道："你怎么这么早就往回跑？"

"我老是担心金香和你，所以后半夜就搭上了一个拉炭车往屋里赶。"

听妈妈担心自己，金香就说昨天晚上陈照德带着武工队路过，说形势越来越坏，要让他们上山。李蕙芳忙问："什么时候走？"

金香说，打算今天下午走，陈照德告诉她们先到北齐村去，那里有人接应，再送他们到山上去。

胡兰把火生好，就叫李蕙芳去烤火。李蕙芳走到火炉边伸出手烘着，嘴里不住地说："好好好，快走吧。这年月，在村里担惊受怕的真不好活！上山我就放心了！"随后又说："山上比村里冷，你们一定要多带点衣服。"

她们说三道四，水已经热了。胡兰洗完脸，又梳了梳头，急着要走。李蕙芳叫她留下在家吃早饭。胡兰说，不了，要赶紧回家收拾东西。说完往外走，走了几步，她又转过身对金香说："你可别把东西带多了，爬山路又不是走平川，东西多了就走不动路。"说完就往家走。

街上冷冷清清，看不到一个人影。天空阴沉沉的，看上去很低，压得人喘不过气来。西北风吹得"嗖嗖"地响，冬天的树已没了枝叶，风一刮树枝"哗啦啦"干响。天气冷得厉害，风吹到脸上，像小刀割破了肉一样。刘胡兰把两手藏在袖筒子里，一溜小跑着回家去。

回到家的时候，家里人也刚刚起来生火做饭。她把要走的消息告诉了妈妈。胡文秀长出了口气说："那太好了，早点上山就安生了。"

家里人听说胡兰要上山，也都赞成她快点走，离开这是非地。只有不太懂事的妹妹心里不太乐意。她见姐姐忙着收拾东西，撅着嘴问道："你走了还回不回来？"

胡兰笑着说："当然要回来，这是我们家。"她停了一下接着道："当然，要等环境好了才行。"

爱兰愁眉不展地说："现在到处都是匪军，什么时候他们才走呀？"

"他们走只是迟早的事，你看今天的天灰蒙蒙的，但是太阳总是要出来的。"胡兰坚定不移地说。

接着又嘱咐爱兰，她走后，要像过去那样多帮妈妈干活儿，爷爷老了要多照顾他。还说爷爷那么大岁数了，每天还是照样搂柴拾粪，一天到晚不闲着，他为的是让家里过上好日子。爱兰听着姐姐的话不住点头。

爱兰说："姐姐，这些事我能做，你不要操心。"

姐妹俩正谈得亲热，金香慌慌张张跑进来了，一进门就上气不接下气地说："坏事啦，匪军又来村里了！"

胡兰急忙问道："来了多少，在哪儿？"

金香气喘吁吁地说："不知道。我只看见敌人把村口把了，只准进，不准出。不知道这些狗日的们又要干啥。胡兰姐，你快去躲躲吧！"说完匆匆忙忙走了。

爱兰撒腿就往外跑，边跑边说："我出去看看。"

爱兰越来越懂事了，胆子也大起来了。每当出现什么情况，她就像侦察员一样到处跑着打探消息。这回她跑出去不久就回来了，她说自己看见有一伙敌人捆绑着几个人到庙上去了。胡兰问她有哪些，爱兰说有石三槐、石六儿他们。

"坏了！"胡兰一惊，不由得替他们担心起来。正在这时，爷爷和大伯慌里慌张跑回来了。胡兰大伯是一个遇事很沉着冷静的人，但这次却是那样慌手慌脚，他一进屋，东张西望地只顾瞅胡兰，差点儿一脚踢翻了放在地上的洗衣盆。他神色慌张地告诉胡兰说，阎匪军正在村里抓人，他看见把陈照德伯父陈树荣老汉，石世芳哥哥石世辉，还有退伍军人张年成都抓起来了。

大伯说："我看你赶快躲一躲吧！还是小心为好。"

胡兰觉得大伯说得对，应当避避风险。她在一块干毛巾上擦了擦洗衣服的湿手，打算到双牛大娘家去。这时，听到街上响起了锣声，锣点敲得特别响而密，接着就听到叫喊声："全村民众，不分男女老少，赶快到观音庙上去开会。无故不到，查出来要按私通共产党办理！"

全家人听到锣声和叫喊声，大气不敢出，都为胡兰担心，都劝她赶快躲一躲。可是究竟躲到哪里去？万一敌人要挨家挨户搜查又怎么办？躲到别人家也不保险呀！胡文秀好像想起了什么，向胡兰说道："到金忠嫂家躲一下去吧。我看那倒是个好地方，她刚生下小孩四五天。万一敌人要查问，就说是伺候月子的。"

虽然也不是万全之策，可眼下出不了村，也只有如此了。胡兰点点头，她觉得这个主意还是不错的。

爱兰见姐姐要到金忠嫂家去，慌忙跑到街上去看情况。胡兰走出街门，她爹在地上蹲着抽烟，胡兰清楚爹是在为她望风。胡兰感激地望了一眼爹，也没说话，就准备走。她向街上望了望，街上到处是三三五五的阎匪军。有的端着枪，有的握着皮带，在敲打临街的门户，叫喊着，催屋里的人出去到庙上集合。

胡兰三步并成两步跑到了南场里，看到爱兰在墙豁口处向她招手，她连忙跑过去，一跃跳过豁口，见街上没有敌人，赶快奔到金忠嫂家。

金忠嫂家门环上挂着一块红布条，房门紧闭着。挂红布条这是一种民俗，表示这家女主人生了孩子，不得打扰。胡兰拍了拍窗棂，轻声问道："金忠嫂，我进去行吗？"

屋里金忠嫂说："是胡兰子吗？不要紧，进来吧！"

胡兰推门进去的时候，只见屋子里已有四五个人了，看来都是到这里来躲藏的。胡兰进来和金忠嫂问了几句孩子的事，这时又从门外跑进来一个二十多岁的女人来。胡兰认得这是金忠的姐姐，她是嫁到大象的。她一进来就说道："你看这不得好死的匪军，又召集开会了。昨天下午，他们在大象开会，用铡刀铡死了两个人，差点没把我吓死。我只说连夜跑回娘家躲几天，没想到逃出狼窝又落入了虎口。这些狗日的们又扑到这里来了。"

接着她就说大象铡人的事：昨天在大象铡的两个人，一个是曾在区政府当通讯员的贺二和；另一个是县游击队员牛二则。他两个都是南辛店人，因为身体不好，不能上山，在家休养。被复仇队的抓起来百般拷打，宁死不屈。这村地主石庆华害了噎食病，不知谁说吃了人血馒头就能治好，于是便找吕德芳给想办法。石庆华的儿媳妇是吕德芳的亲姐姐，为了弄到人血，所以吕德芳就决定杀了这两个人蘸人血。为了配合"自白转生"运动，这天下午，他强迫大象群众开会，在会上宣布了牛二则和贺二和的死刑。吕德芳用筷子扎着热气腾腾的馒头准备蘸人血，可是复仇队的那些人你推我靠，没一个敢出来用刀砍人头。吕德芳急了，看见旁边干草垛里搁着副铡草刀，便逼着复仇队的人一齐动手，用铡刀把两个革命战士给铡了。

金忠的姐姐讲着脸上失去了血色，听的人也害怕极了。她说："像铡草一样铡人，哪见过那么狠毒的事，当场看的人都吓软了，有几个都吓瘫了。"

正说到这里，街上又响起了第二遍锣声，叫人们马上到观音庙上去开会。说是谁家要是还躲着不去，或隐藏外人，查出来立马处死。这一来，满屋子的妇女慌成一团，金忠的姐姐说："就是死，我也不敢去开会了。我就在这里伺候月子。"

大家你看看我，我看看你，屋子里充满了恐惧气氛，都不知道该如何是好。

胡兰刚进来的时候，见有这么多人都想在这里躲藏，就觉得自己在这里不太合适，她想自己是区上的干部，万一敌人来搜查，那就会说她们隐藏共产党的干部，大家都会受到连累。刚才听到敌人三令五申地喊话，不准私藏外人，更觉得自己躲在这里不合适了。她见人们都不说话，就站起来说道："金忠嫂，我走了，另外找个地方去。"说完抬脚就出了门。

只听金忠嫂不解地喊："你——"

胡兰知道金忠嫂想留她，但情况紧急，于是她还是坚决地走了。

她想还是躲到双牛大娘家去，可是谁知道她从胡同走到街上的时候，这条街上已满是匪军，有的正挨家挨户搜查人，有的正赶着一群男女走过来。匪军们见到胡兰，不问青红皂白，挥着皮带吼叫道："去开会，去开会！"胡兰意识到再也走不开了，只好从容地挤进了人群中，和大家一起朝观音庙走去。

当他们走到观音庙跟前的时候，只见庙前边的空场子上已站了好多人，有男有女，有老有少。场子四周站满了端着刺刀的匪军，护村堰上摆着两挺机关枪。一些穿着便衣的复仇队队员，在人群中穿来穿去，东瞅西看，不知他们在寻找什么。胡兰突然在人群中发现了爹、妈、和大娘，爱兰、大伯也被赶来了。她忙从人群中挤过去，站在自家人跟前，家里人看见她都很吃惊。妈妈低声问道："你怎么也来了，匪军到你金忠嫂家搜查了？"

胡兰说："躲在她家的人太多，万一查出来，我就会连累她们，我想换个地方，走到街上已经来不及了。"

爱兰拉着姐姐的手低声说："姐，你站到爹后边来吧。"

正说着，有一个人分开人群，径直向胡兰这边走来，胡兰一眼就认出了这个人是金川子。金川子是大象的民兵，胡兰在大象土改见过他。

这时金川子已挤到她跟前，假惺惺地向胡兰说道："胡兰，我跟你说点事。等一会儿，要开始'自白转生'大会，到时候你上台去把给八路军办过的事都说说，说了就算'自白'啦。"

胡兰没想到这家伙现在叛变了，竟然给地主当起了狗腿子，成了复仇队员。胡兰心里暗暗骂了一句："狗叛徒！"接着狠狠瞪金川子一眼说："我没什么可说的。"

金川子道："反正你不说人家也都知道。识相点，不'自白'就要乱棍处死，你听见没有，要乱棍处死！'自白'了也就没事啦！你看看我，不是啥事也没有？！"

胡兰说："我的骨头没那么下贱！"

金川子本来是奉命来劝胡兰的，他以为刘胡兰是个闺女家，也许先吓唬，再一劝就成了，自己也可以在吕德芳面前立一功，没想到一来就碰了一鼻子灰。这时胡兰把脸转向一边连看都不看他一眼，金川子就生气了，恼羞成怒地说："咱们认识，看在熟人的面子上，所以我来给你透个信！不识好人心。哼！等着瞅吧，到时候吃不了兜着走！"说完气冲冲地从人堆里挤出去，跑到观音庙里去了。

匪军不断把村里的人三三五五地赶到这里来，把抱着娃娃吃奶的妇女、拄着拐杖的老太太都赶来了。躲在金忠嫂家的几个女人也一个不少都被赶来了。

正在这时，人群中忽然传来号啕大哭声，附近有人低声惊叫道："呀！金香。"

胡兰抬头看了看，只见复仇队员白占林和温乐德，一人扯着金香的领口，一人拉着金香的胳膊，从人群中拉出去了。这两人胡兰都认识：白占林是大象的小流氓，温乐德也是个叛变了的民兵。他们叫骂着把金香一直拉到观音庙上去了。金香妈李薏芳披头散发，跟在后边哭喊着扑到庙门口，一到门口就被站岗的匪军给拦住了。她就趴在庙门口不住声地号哭起来。胡兰见金香妈在敌人面前号哭，心里就怨她，心想：在日本鬼子面前那骨气哪里去了！

胡兰家里人看到敌人抓走金香，知道敌人也一定会来抓胡兰。一个个又是担心又是怕，心都提到嗓子眼了，但又不知怎么办才好，他们自觉地围成一个圈，把胡兰围在家人中间。这时，胡兰妈胡文秀忽然觉得胡兰两手在鼓捣什么，低头一看，只见女儿手上拿着一张手巾，在翻来覆去地细看，接着又慢腾腾脱下手上的银戒指，再从口袋里掏出一个清凉油盒子。胡兰把这三件小东西一件件拿在眼前细看，看看这件，又看看那件。胡文秀不明白，在这么紧急的关头，胡兰怎么玩起这些东西。

其实胡文秀哪里知道，这三件不值钱的小东西，都是胡兰宝贵的纪念品。

那张小手巾是王根固临别时送给她的信物，虽然，一年多了胡兰没见过王根固一眼，但每每在她心闲的时候，或是工作遇到困难的时候，她总要拿出那张象征他们爱情的手巾看个够，每当她看到手巾，仿佛王根固就在她面前，他的音容笑貌就浮现在眼前。此时此刻胡兰在想：也许今生今世再也见不到王根固了，手巾是他俩爱情的见证。清凉油盒子是她的入党介绍人石世芳送给她的，虽然清凉油早用完了，可她舍不得把这个盒子扔掉，特别是世芳叔生着病转移到山上以后，她更觉得这是一件纪念品了。而戒指是奶奶临终前给她戴上的，虽然奶奶没有少说她，但是奶奶教她纺线织布，教给了她勤俭节约的好作风，一个小小的戒指包含了多少世间亲情。

胡文秀看着女儿把戒指和万金油盒子，用手巾包成一个小包，亲手递到她手上。胡文秀更觉得奇怪了，不知道女儿打的是什么注意。但她抬头一看，心里就明白了。

只见刚才和胡兰说过话的那个复仇队员金川子，引着两个端枪的阎匪军耀武扬威地走过来。敌人走过来，吓得人群向两边拥挤，引起一阵骚动，但谁都没有出声。

金川子指了指胡兰说："这就是刘胡兰。"

一个匪军见到长着一双大眼睛的刘胡兰，不怀好意地看了看，自言自语道："嗬，好漂亮。"

家里人见敌人来抓胡兰，大家不由得挤得更紧，把胡兰围在中央。爱兰吓哭了，胡兰拍了拍爱兰肩膀说："不要怕，别哭。"

　　敌人一下推开了家人，动手要拉她。胡兰瞪了他们一眼，严厉地说："别拉扯，我自己会走。"说完，把头一扬，大踏步向观音庙里走去。

　　两个来抓胡兰的敌人和金川子先是惊奇地愣了一下，然后就端着枪紧紧跟着胡兰，好像她要长翅膀飞了似的。

　　胡兰走上观音庙的台阶，对趴在那里号哭的李薏芳说："别哭了，敌人不会可怜你。"边说边走进门去。

　　一进庙内，押解胡兰的敌人让她站住。金川子抢先跑进西房去了。胡兰站在院里一看，只见正殿廊檐下有几个先后被捕的人，有的蹲着，有的坐着，有的耷拉着脑袋，有的怒视着端枪监视他们的匪军。石三槐和石六儿被五花大绑着。石三槐头发乱蓬蓬的，身上的衣服被撕裂了许多口子，多处露出了棉花，撕破的衣服条条缕缕，风一吹飘摇着，透出无限凄惨之情。石六儿满脸血污，有一只脚上鞋袜都没了，踩在冰冷的地上，让人感到寒气逼人。他们用吃惊的目光看着胡兰，胡兰向石三槐和石六儿投去敬佩的目光，并向他俩微微笑了笑，用一笑表达了革命同志之间深切的问候。

　　这时东房里传出拍桌子打板凳的声音，和敌人的叫喊声。猛地传来一个非常清脆的耳光声，只听金香哭喊道："我不知道，我实在不知道呀！"

　　"不知道，枪毙你！"这是敌人的声音。

　　胡兰朝东屋望了一眼，她多么希望金香坚强点，能经得住这个考验。

　　这时，金川子从西屋走出来，他拉开风门对胡兰说："特派员请你进去。"接着他又向胡兰低声说道："他问你什么，你说什么，保你没事。反正你不说，人家也知道。石五则全都'自白'了。"

　　胡兰没有答理他，站在门口定了定神，然后神态自若地迈步走进了西屋，毫无惧色。

观音庙的西厢房，原来是村里各团体联合办公的地方，一切摆设还是那个老样子，靠窗台处放着张快要散架的破办公桌，桌上摆着一方打了角的砚台，旁边扔着几支秃头毛笔，另外还有几个粗瓷茶碗。桌子后边放着张古旧的圈椅，靠近门口的地方，摆着一条长板凳。可现在敌人将它作为审讯室了。

屋子里只有阎匪军特派员张全宝一个人。这个人岁数不大，却留着长长的大胡子，胡子油光黑亮。左腮上有指头大一块黑痣，上面长着一撮黑毛，与五官搭配在一起，自然多了几分凶悍。他挺直了腰板，坐在圈椅里，两手放在椅子的扶手上，双腿向外分开，脚上穿着一双翻毛皮鞋，脸上露出不可一世的霸气，抖出一种威风凛凛、杀气腾腾的样子。他看到刘胡兰气定神闲得稳步走进来，不由得愣了一下，他压根没想到刘胡兰是个文文雅雅、漂漂亮亮的姑娘，也没有想到如此年轻，更没想到刘胡兰脸上没有一丝恐惧的表情。刘胡兰一进门就直挺挺地站在办公桌前面，两只眼睛一眨不眨地盯着他，那种目光有种天然的穿透力一样，盯得大胡子心里有些发毛，他想，这哪像一个来接受审讯的人，倒像是来审讯他的人一样。于是，心虚的他下意识站起身来，提高了自己的视线，想用目光压制对方。其实张全宝本来是想见面给胡兰来个下马威，他一见胡兰这个样子，觉得拍桌子打板凳瞪眼睛这一套不会起作用，说不定适得其反。可是他也不知如何开头才好，他便装腔作势，假作镇静地掏出一支烟，慢条斯理地点着，吸了几口，然后沉着脸才明知故问道："你就是刘胡兰？"

刘胡兰响亮地回答："我就是刘胡兰，怎么样？"

"你是八路军的区妇女干部？"

"不，我是民主政府区妇联干部。"

"反正都一样。"

"你给八路军干过什么事？"

"只要我能办到的，什么都干过。"

张全宝听了，真没想到刘胡兰回答得这么干脆，他以为这是刘胡兰"自白"开始了，使他简直欣喜若狂。没料到审讯开头进行得如此顺利，他忍不住站起来，笑嘻嘻地说道："好，好，好。我就喜欢这种痛快人。"张全宝假惺惺地指了指摆在门口的那条板凳说："请坐，请坐，咱们坐下来谈。"他见胡兰一动不动站在那里，又说道："我只是奉命找你来聊聊，没啥大不了的事。别怕，别怕。"刘胡兰知道这是假话，冷冷地说："我根本就不怕。"

一句"我根本就不怕"听得张全宝发愣，他停了停继续问道："那么你们村长是谁杀的？"

"不知道。"

"你们区上的八路军都到哪里去了？"

"不知道。"

张全宝一连碰了几个钉子，再也沉不住气了："你，你，你就什么也不知道？"

刘胡兰镇静地回答："不知道，就是不知道。"

张全宝想发作，突然，贼眼一转，威胁着说："现在有人供出你是共产党员。"

刘胡兰知道自己被坏人出卖，她把头一扬，自豪地说："是。我就是共产党员，中国共产党候补党员。怎么样？"

"你为啥要参加共产党？"

"因为共产党为穷人办事。"

"以后你还会为共产党办事不？"

"只要我还有一口气，就要为人民干到底。"

张全宝万万没有想到，共产党的一个小女孩，竟如此厉害。见硬的不行，就换软的，他奸笑着哄骗说："自白就等于自救，只要你自白，我就放你，还给你一份好土地……"

没等他说完，刘胡兰轻蔑地说："给我一个金人也不自白。"

张全宝恼羞成怒，他收起阴险的笑脸，敲起桌子嚎叫："你小小年纪，嘴好硬啊，难道你就不怕死吗？"

刘胡兰逼近一步，斩钉截铁地说："怕死不当共产党员！"

张全宝无可奈何，站起来无耻地说："刘胡兰，只要你当众说句今后不再给共产党办事，我就放了你。"

刘胡兰坚定地说："那可办不到。"

张全宝听了刘胡兰的话，觉得这是块硬骨头，随即他话中带刺地说："那好，那好。"说完，他不服地瞄了刘胡兰一眼，一屁股坐到圈椅上。他见刘胡兰愤怒地望着他，他觉得这话会刺激刘胡兰，于是，忙改口说："你给共产党做过什么事？"

"什么事都做过。"

"嗯，你们区上除了你，还留下哪些人暗藏在这里？不，不，拿你们的话说，就是还有哪些人留在这里坚持工作？"

"就我一个。"

"你们村还有谁是共产党员？"

"就我一个。"

"不能，不能。"张全宝胸有成竹地说道，"共产党的事我清楚，有小组，有支部。还能就你一个人？我明告你说吧，有人已经向我们'自白'了，谁是共产党，我们全知道。"

"你全知道何必问我。"

张全宝见刘胡兰不好对付，有些生气，但他为了获取更多情况，往肚子里咽了一口唾沫，忍了忍问："你最近和区上通过信没有？"

"通过啦，你也不知道。"

"你和他们见过面没有？"

"见过面，我也不会告诉你。"

张全宝"呼"地一下从圈椅上站起来，扔掉烟头，从腰里拔出手枪，"啪"的一声按在桌子上，大声吼道："你他妈别给脸不要脸。你知道这是什么地方，不是跟你开玩笑。你再他妈嘴硬，老子一生气就毙了你！"

"随便！"

张全宝气得脸色铁青，胡子不住地抖动，两只眼充满血丝瞪着刘胡兰，想要一口吃掉刘胡兰的样子。他又点上一支烟，抽了几口，安静了一些才说："好吧，你不想告诉我，我也就不再问你了。"他又坐在圈椅上，慢腾腾地说道："其实你不说，我们也都知道。我不是吓唬你！你做过的那几件事，我背都能背下来。"

接着他真的像背课本一样说开了刘胡兰的历史。什么时候去的妇女训练班，什么时候当了村妇联秘书，什么时候调到区上，什么时候入的党……说得头头是道，大体不错。后来张全宝又说："你罪恶很大，你给八路军办了不少事情，要碰在别人手上，枪毙你一百次也够上了。不过，这次是我，看你还很年轻，正是人生的好时光，只要你能改恶从善，我就会宽宏大量，既往不咎，放你一马。这都是阎主任的恩典。"

张全宝一面说，一面用眼睛不住地窥探着刘胡兰，试图打量刘胡兰情绪有什么变化。然而刘胡兰脸色还是那样平静，没有一丝表情。张全宝想了想，又说道："我绝不为难你，等一会儿开民众会，只要你向民众'自白'，就是承认你是共产党员，这个你刚才就承认了。你再向民众'自白'，说你年轻不懂事，受了共产党的欺骗，误入歧途，叫民众不要像你这样再上共产党的当，从今往后，用你们的话说，就是保证不再给共产党做事。天大的事就算完了……"

刘胡兰还不等张全宝说完就说："办不到！"

"小姑娘，别那么犟。"张全宝这时就像知心朋友一样劝说道，"你是个聪明人，你想想看，不'自白'能过得去吗？'自白'才能'转生'，不'自白'只有死路一条。你死了不要紧，你爹妈多悲伤，白白养你这么大，你不替自己想，也要为家里人想呀！"

刘胡兰根本没听张全宝说什么，两眼望着顶棚，一句话也不说。

张全宝继续说道："你知道什么是共产党？共产党是穷小子们的党，那是一帮穷疯了的人，尽干缺德事，分人家房，分人家的地。你们家的境况不错，不缺吃，不缺穿，何必跟上那些穷小子们胡捣乱，何必跟上他们受这些连累？你看看，我们一来，你们当官的，不，不，就是你们的领导干部全跑上山里躲起来了，留下你们当替死鬼，他们面都不敢露了。你替他们白送命，这是何苦？这是何苦呀？你好好想想，两条路，由你挑！"

刘胡兰还是两只眼望着顶棚，一声不吭。她清楚：这时最好的反抗就是不说话。

张全宝站起来，好像热锅上的蚂蚁，在屋子里走来走去，神色焦急。可他还是平和地说："你年轻，不懂事，全是受了共产党的宣传欺骗。共产党就是能说，什么事一到他们嘴里就变戏法一样说得天花乱坠。什么闹革命啦，土地改革啦……革谁的命？改什么土地？都是些胡扯淡的事。"接着张全宝给刘胡兰长篇大论说起来，一面污蔑共产党，一面吹捧阎锡山。后来又劝刘胡兰，说只要她"自白"了，不仅不咎过去，而且要在"兵农合一"、"编组分地"的时候，专门分给她一份土地。村里可以派人耕种，收下的粮食完全归她所有，可以荣华富贵地过一辈子。最后又说："你看这还不够便宜，天下哪儿能找这种好事，这是多少人做梦都想的好事呀！"

在张全宝劝降刘胡兰的时候，二连长许得胜进来了，他一屁股坐在板凳上，拿着皮带，轻轻拍打着自己的两腿，一副志在必得的样子。他见张全宝说完，胡兰一声也不吭，抬着眼，没当回事的样子。于是他气势汹汹地站起来吼道："你他妈哑巴啦？你他妈的以为不开口就没事啦？做梦吧！"他回过头对张全宝说："你不要和她磨牙了，白费劲，拉出去铡了她！来人！"

话音未落，进来两个匪军，拿着绳子就要动手捆胡兰。

张全宝喝道："别动手。"随后对许得胜说道："许连长别上火，你让她好好想想嘛。这姑娘是个聪明人，会想清楚的。"

张全宝问许得胜开会的事准备好了没有。许得胜说准备好了。张全宝转身对刘胡兰笑笑说："我刚才的话全是为你好，为你着想，你要好好想想。看到吧，许连长可就没那么客气了。"说完，张全宝见刘胡兰依然一脸的无畏，便对两个匪军摆了摆手，示意他们将胡兰带了出去。

胡兰出去之后，许得胜不满地对张全宝说道："特派员，用得着那样和她磨牙费嘴？她愿意'自白'就出去'自白'，不愿'自白'，就咔嚓一刀完事了。让石五则去'自白'不一回事？"

张全宝说："当然不一回事，石五则在民众当中，已经身败名裂，他'自白'民众会想，这是他有意在说共产党的坏话，没有一点儿号召力。师部之所以对此案重视，兄弟认为刘胡兰是目前抓到的唯一一个区干部，而且是共产党员。如果促使她出面'自白'，则可在这一带让共产党声名扫地，从而提高我方的威望，在政治上打个大胜仗！你想想，一个共产党员的区干部'自白'了，各村那些'伪装分子'势必效法。这样一来造成一种'自白'的风气，不用兴师动众，就可破获共匪组织，打击共产党的有生力量，而我方则可收到事半功倍之效。这也是师部指示的英明之处。"

许得胜若有所悟地说道："哦，是这样，你们到底是玩政治的，肚子里道道就是多，真高明。"停了一下又问："你看她能不能在大会上'自白'？"

张全宝满有把握地说："我看没问题，她毕竟是个黄毛丫头，嘴硬点骨头软。再说她还不知道血是红的还是黑的。一会儿先铡了那几个，做样子给她看着，她还不吓得瘫过去，这不就开口了吗？"张全宝又自言自语恶狠狠地说："他妈的共产党员，我倒要看你是铁打的还是钢铸的！我就不信能翻出了我手心！"

张全宝完全自信，他一定能够降服刘胡兰。

英勇就义

那天，天气异常寒冷，天空低沉沉的，前几天的积雪还没化完，北风"呼呼"地吹过，风中带刀一样，从脸上刮过去像划开了皮肉。

刘胡兰被两个匪军押着，从观音庙出来的时候，会场已经布置好了。会场设了个主席台，敌人叫"烘炉台"，"烘炉台"设在庙门左边的土堰上。那里摆着一张桌子和几条板凳，地上堆着胳膊粗的几十根木棒。先后被捕的那些人站在"烘炉台"的西边，有的绳索已解开了，有的仍然五花大绑着。十几个匪军端着上了刺刀的枪，看管着他们。被强迫来开会的群众，比刚才更多了，男东女西分站在"烘炉台"前边的那块空地上。四周布满了拿枪的匪军。不远处的护村堰上架着四挺轻机枪，枪口正对着广场上的群众。会场上的人们面面相觑，一脸无助的表情，心里忐忑不安，猜不透敌人究竟想干什么？

整个会场上，气氛压抑，一派肃杀之气，笼罩在一片恐怖之中。

胡兰被单独押在"烘炉台"东边，敌人不准她到西边被捕的那些人中间去。她随随便便地站在那里，用冷静的眼光扫视了全场一遍，然后就偏着头凝视着天空，好像在思考什么，又好像将眼前的一切都置之脑后了。

过了一会儿，匪军特派员张全宝、二连连长许得胜、机枪连连长李国卿，还有新上任不久的云周西村村长孟永安，先后走了出来。他们走上"烘炉台"，凑在一起，嘀咕了一阵，然后由孟永安宣布开会。

孟永安清了清嗓子，略微抬了一下头，迅速地扫了一眼寒风中站立着的老百姓，像怕什么似的，低下眼说：

"现在咱们就来开会。今天的民众会很重要，根据阎长官的指示，为了肃清共产党在各村的地下组织，保证村民的自由和安全，要开展'自白转生'，不'自白'的就要乱棍处理！下面我们大家热烈欢迎张特派员给大家训话！"

孟永安说完，带头拍了两下巴掌，两眼不住地扫视台下的群众，意思是要让大家鼓掌欢迎。可是人群中鸦雀无声，没有一个人鼓掌。只有站在台前的十几个复仇队员跟着拍了几下手，掌声极其单调而无序。

二连连长许得胜看到这情形，气得脸色都变了。他跺着脚冲着台下人大骂道："你们他妈的，手心里都长了疮啦！手烂掉啦！我看他妈的云周西村没他妈个好东西，都他妈该……"

许得胜还没骂完，张全宝摆了摆手，将他的话打断，示意他不要骂了。张全宝装出一副宽宏大度的样子，好像对台下群众不鼓掌毫不在意。他脸上挂着笑走到台前，咳嗽了一声，然后就假惺惺地说："云周西村的老乡们大家好！共产党这些共匪赤祸，祸国殃民，他们杀人放火，共产共妻，晋中平川在他们惨无人道的统治下，人神共愤，民众生活越来越艰难，真是民不聊生！云周西村的老乡们也深受其害，今天，我们的队伍回来了，就是要打击共产党，肃清他们的毒害，开展'自白转生'，唤醒民众与他们决裂……"

张全宝骂得唾沫横飞，一口气骂了一个多钟头，把他从部队里学的那些陈词滥调全都用上了。他在台上骂得越起劲，台下群众越是冷淡，事实已说明了一切，谁都知道他这是胡言乱语，胡说八道。

天气很冷，西北风吹得"嗖嗖"响。人们的手脚都快冻麻木了，但谁也不敢走开。于是有人往手上哈气，有人轻轻地跺脚，很快满场子就响起了一片哈气声和跺脚声，声音愈来愈响，把张全宝的讲话声都淹没了。许得胜站起来，骂道："他妈的要冻死了，跺什么脚，老老实实听张特派员讲话！"骂了一阵，人群才慢慢静下来。张全宝又自夸阎匪军是仁义之师，要救民于水火，解民于倒悬。要彻底铲除共产党，清除"伪装分子"，建立人心政权，让老百姓过上好日子……

在张全宝讲话时，复仇队员们从村里抬来三副铡草刀，放置在观音庙西墙附近的荒草滩里。昨天，敌人在大象用铡刀铡了牛二则和贺二和，看到对群众的威慑很大，效果明显。于是决定今天在云周西村也用这个办法逼刘胡兰"自白"。人们看到抬来三副铡刀，会场上就又开始骚动起来，因为人们不知道弄铡刀要干什么？有的人惶恐不安地东张西望，有的人交头接耳窃窃私语，会场里发出一片"嗡嗡"的声响。

见会场上又乱了，许得胜又站起身来痛骂一气，惶惑的人们这才静下来。

张全宝见会场静了些，于是接着说："凡是过去给共产党、八路军办过什么事的人，不论他有多大的罪，只要能够弃暗投明，彻底'自白'，一律不追究责任。当然不'自白'，就要处死。'自白'就是转生，'自白'就是自救！"

张全宝讲完，当场就把石五则、张申儿、二瘪气三个人释放了。让他们站到人群中去。接着，许得胜就开始宣读先后被捕那些革命同志的"罪状"。读完之后，他得意洋洋地向会场的人们大声喊话道："这些人是好人，还是坏人？"

会场上的人群异口同声雷鸣般地吼道："好人！"

这太出乎许得胜意料，他一听就慌了。他恼羞成怒地叫骂道："老子就知道云周西村没个好东西，他妈的，你们说他是好人，老子偏要你们来处死这些好人！"

他立即命令三排长申灶胜强迫群众出来打人、铡人。

申灶胜领着几个匪军向人群扑过去。人们叫喊着往里挤，向后退。

他们从东边扑过来，人们向西边躲过去。他们西边赶过来，人们又向东边躲。刚从人群中拉出这个，那个就跑了回去，拉出那个，这个又躲到人群里。结果从人群中赶出三个人来，他们是刚才释放了的那三人。张全宝早料到不会有人来充当刽子手，所以今天一到云周西村，就把这三个人叫在一起，告诉他们今天就释放他们，不过要他们在开会的时候出来打人、铡人，否则也不轻饶他们。这三个怕死鬼就答应了。果然三个人照事前的吩咐走出来了。他们走到"烘炉台"前，一人抄起一根木棒与手执木棒的复仇队员站到了一起。

血腥的大屠杀开始了。

第一个拉出来的是石三槐。他经过了前一段时间的拷打折磨，人更加消瘦了。寒风中，他脸已铁青，没有一丝血色，两只眼里寒光四射。他一被推出来就大声说："乡亲们，今天我石三槐要死了，但我知道……"

石五则生怕石三槐说出他出卖同志的事，没等许得胜发话，就冲着石三槐的耳根重重敲了一棒，血水立刻顺着脖子流下来，石三槐惨叫一声就摔倒在地。许得胜说："好，上！"他挥了一下手，张申儿、二痨气和复仇队员们一起挥着棍棒朝石三槐身上乱打，石三槐再也动弹不得。许得胜一伙就把石三槐拖到铡刀床上。

张全宝叫人把刘胡兰推到石三槐前方，要让刘胡兰看着石三槐行刑。然而刘胡兰两眼望着天，默默无语。许得胜看到刘胡兰一副临死不惧的样子，大声喊道："杀！"

这时石三槐苏醒了过来，他嘴动了动，想说什么，但刀已落下。

这个曾在抗日战争时期出生入死，立过汗马功劳的地下交通员，没有死在日本鬼子手里，而死在了阎匪军手里。

铡刀落下，会场上哭声四起，呜呜一片。

接着敌人又把石六儿拉出来，石六儿又叫又骂。他被反绑双手，但他用脚乱蹬乱踢。敌人对他劈头盖脸一阵乱打，然后将他拖到铡刀下。这时，张全宝叫人将胡兰的头扭过来，看着石六儿，接着一挥手，只见石六儿尸首两处。胡兰清清楚楚看到石六儿这样一个普通老百姓惨死在敌人铡刀下。

铡下石六儿的头，张全宝故意问胡兰："你看见了吗？"

这灭绝人性的暴行刘胡兰看得一清二楚，云周西村的老百姓也看得一清二楚。

张全宝见胡兰冷若冰霜，眼中怒火燃烧。他声色俱厉地说："你不'自白'……"他又想了想，口气又缓下来，说："我想你是个聪明人，要识时务。你只要向民众说几句，就说你年纪小受了共产党的骗，上了他们的当，参加共产党是误入歧途，今后再也不相信共产党那一套，不再为共产党办事就行。我一句话，放了你！"

张全宝说着，一边在刘胡兰眼前走来走去，一边偷偷察看胡兰的表情。可是刘胡兰对他的话无动于衷，好像根本就没听他说话。张全宝原以为刘胡兰是一个弱女子，吓唬吓唬就可阴谋得逞，但没想到现在成了他坚强的对手，刘胡兰的不动声色，使他大为恼火。正在为此为难时，许得胜跑过来低声向他问道：

"怎么样，她'自白'还是不'自白'？"

张全宝宝眉头一皱，一句话也没有说。许得胜又问道："那几个犯人怎么办？现在铡，还是等一会儿？"

张全宝还是没吭声。他似乎在等待刘胡兰改变态度，然而他看一眼刘胡兰，胡兰依然把头高高抬起，一副从容不迫的样子，张全宝知道要想让刘胡兰开口"自白"太难了。过了半天才从牙缝里挤出一个字来：

"铡！"

许得胜走过去，接着指挥那伙刽子手继续进行疯狂屠杀。

第三个被铡的是区委组织部长石世芳的哥哥石世辉。

第四个被铡的是原八路军十二团战士，退伍军人张年成。

第五个被铡的是云周西村党支部书记的伯父刘树山。

第六个被铡的是区长陈照德的伯父，已72岁高龄的陈树荣。

这些普通的老百姓，这些勤劳勇敢的中国农民，在日本帝国主义侵略者进攻中国、践踏祖国大好河山、蹂躏中国人民时候，在阎锡山逃到晋南与日寇偷偷勾结在一起干着卖国求荣勾当的时候，在中华民族生存危亡的紧急关头，他们在那些最艰苦的年月里，在中国共产党的领导下，挺身而出拿起武器和日本帝国主义英勇地战斗。是他们风里来雨里去送公粮；是他们冒着外敌的枪林弹雨抬担架救护受伤的那些抗日勇士；是他们穿过敌人的层层封锁传送情报；是他们传承了"国家兴亡，匹夫有责"的精神……他们是中华民族的优秀儿女，是中国人民的有功之臣。他们没有死在外国列强的屠刀之下，可今天却一个个被阎锡山的匪军无情杀害了。他们血淋淋的尸体被乱扔在一起，血淋淋的头颅被抛在一边。敌人的暴行惨无人道，英雄的遗容惨不忍睹，血腥的屠杀惨绝人寰。

手无寸铁的群众揪心挖肺地失声痛哭，面对荷枪实弹的敌人，他们叫天天不应，叫地地不灵，哭声惊天动地。人们早都不忍看下去，纷纷向四外跑开，可是一次又一次被匪军堵截回来。匪军们叫骂着，挥舞着皮带，端着明晃晃的刺刀枪，把赤手空拳的群众像赶羊群一样赶回原地，强迫他们继续"欣赏"一场惨无人道的屠杀。

六位烈士倒下了，倒在他们不该倒下的地方。此时，在被捕的人中，只留下胡兰和金香两个人了。胡兰像一尊钢铁巨人，纹丝不动站在原地，站在张全宝和两个匪军中间，脸上依然是那种从容的表情。她默默地望着场子里的父老乡亲，心里在说：是你们养育了我，是党教育了我，我走了，你们不要悲伤，我不会给云周西村人的脸上抹黑，敌人猖狂的日子不会太久。

这时，张全宝猛然推了胡兰一把，说道："现在轮到你了！你是要死，还是要活？两条路由你挑！"

刘胡兰没有理睬他，仍然望着群众，好像在说："乡亲们，永别了！"

张全宝接着又用央求的口气，小声说道："只要你向民众们说一句话。哪怕就说：'我从今以后，再不当共产党了！'就这么一句，就算你没事了。我马上放你，你就可以回家了！"

刘胡兰用鄙夷的目光扫了张全宝一眼，胡兰早已看穿了敌人的阴谋，他们企图用血腥的屠杀，在广大群众面前，使共产党员屈服。为了保持一个共产党员高尚的革命气节，给敌人以打击，刘胡兰早已把生死置之脑后。

张全宝大声问道："难道你就不怕死！"

胡兰斩钉截铁地说："怕死就不当共产党员！"

张全宝气急败坏地说："你，你……"

刘胡兰用愤怒的眼光盯着张全宝，喝问道："我是怎个死法？"

张全宝听了，像挨了当头一棒，气得脸上肌肉都颤动了。他万万没想到，这个年轻的农村姑娘是如此的倔强，如此的难以降服，面对死亡竟是如此无畏。张全宝把花招用尽了，可是面对一个年轻少女，他毫无办法可想。张全宝恼羞成怒，立时现出了本来面目，凶狠狠地吼道："怎么个死法？一个样！"

　　胡兰理了理两鬓的头发，重新包了包头上的毛巾，昂首挺胸向刑场走去。她从六位烈士的遗体前走过去，踏着他们的鲜血，走到了铡刀跟前。

　　这时那些刽子手都吓得发抖了，有的畏畏缩缩地躲闪到一旁，有的溜到人群中去了。张全宝下令让匪军又把这些人赶回来，逼着他们撑起血淋淋的铡刀。胡兰最后向乡亲们望了一眼，然后从从容容地躺在了刀床上。

　　人群中有人惊叫起来，有人哭喊起来，全场骚动了。许多男人们向铡刀跟前拥去。敌人着了慌，许得胜命令所有的匪军准备射击。机枪连长李国卿把护村堰上的轻机枪也调过来了，射手都伏在地上，机枪瞄准群众。拥过去的人又被逼着退回到了原来的地方。这时，女人堆里哭喊声更高，哀伤的，悲切的，揪心的，愤怒的……各种哭声混杂在一起，响成一片。

　　爱兰哭得最悲痛。躺在刀床上的是她一母同胞的亲姐姐。姐姐从小把她带大，关心她、爱护她、心疼她，她觉得世界上再没有比姐姐更亲她的人了。以前姐姐出门工作，虽然时间很短，她都是那样不舍得姐姐离开；夜里总是常常梦见她，现在亲眼看着姐姐就要被人杀害，从此以后，就再也见不着姐姐了，永远永远见不着姐姐了。她多想救出姐姐，可面对强大的敌人，她是那样弱小无助，爱兰觉得像在摘自己的心，割自己的肉一样，可是羔羊面对的是狼群，她毫无办法。她抱着妈妈，声嘶力竭地号啕痛哭。而胡文秀这时早已哭成了一个泪人儿。胡兰不是她的亲生女儿，但是她从小抚养大的，她教她认字，教她针线活，给她缝补，给她做鞋袜。胡兰也是个孝顺孩子，从没说过不中听的话，从没伤过继母的心。她们虽不是亲生母女，但浸透骨子里的是亲情啊！看着女儿就要惨死敌人屠刀之下，在这生离死别的关头，无助的她只有椎心泣血的哭声。邻居的大婶大嫂们个个都忍不住痛哭流涕，胡兰是她们的好儿女，是她们的好姐妹。

　　胡兰父亲刘景谦，这个勤勤恳恳的老实农民，他没想到祸从天降，敌人马上就要铡的是自己的女儿，是自己的亲骨肉。他感到四肢麻木万箭穿心，心里像捅进了一把刀子在搅动。他实在不忍心看见女儿惨死，两手抱着头蹲在地上，脑子里只是"嗡嗡"地响。刘胡兰大伯脸色铁青，一双愤怒的眼睛紧盯着刑场，死盯着那个杀人凶犯，他要将凶犯的相貌刻在自己心中，将来为侄女报仇雪恨。

　　人群中，还有一个极为愤怒的人，那就是村长郝一丑，他看到的是自己的同志就要惨遭毒害，他眼里燃烧着两团怒火，恨不得冲上去打倒那些凶手，但这个有斗争经验的地下工作者明白这样做是无济于事的。他清楚同志牺牲了，自己肩上的担子更重了。他一声不响站在那里，两手握成拳头，死劲握着，指甲都扎进了手心，他全然不知。

　　当他看到刘胡兰从容躺在刀床上，不由产生一种强烈的崇敬之情。心里暗暗地说："好样的，是个好党员！"此时此刻不管多么坚强，可是眼看自己的同志，自己的战友就要被敌人杀害，不能不难过，不能不痛苦。郝一丑望一眼胡兰，两颗豆大的泪珠滚出了眼眶。

　　这时，张全宝大踏步走到刑场。他走到胡兰躺着的铡刀跟前，弯下腰，气势汹汹地吼叫道："你要愿意'自白'，愿意投降，就滚起来！"

　　胡兰静静地躺着，睁大眼睛盯着他。张全宝看到刘胡兰那双大眼睛，心虚了，他慌忙随手抓起一把干草，盖在刘胡兰脸上。胡兰把头一摇，甩掉干草。她睁着一双大眼死死盯着张全宝，嘴角浮起一丝冷笑。张全宝被一个少女的刚烈吓住了，他的腿不由得哆嗦了一下，再也没有勇气看到刘胡兰那双充满仇恨的眼睛。为了掩饰他内心的恐慌，张全宝声嘶力竭地喊叫道："给我铡！"

　　"咔嚓"一声铡刀落下，鲜血像火山一样喷射出来，滴滴鲜血飞溅四方……

　　尚未年满十五周岁的刘胡兰为了中国人民的解放，为了壮丽的共产主义事业，从容就义，壮烈牺牲了。

　　英雄赴死易，从容就义难。年轻的刘胡兰同志在强暴面前，在"自白"和"牺牲"之间，她选择了从容就义，那是一种多么需要勇气的选择，那是一个共产党员崇高气节的体现。这让在场的敌人都胆战心惊。张全宝见胡兰面对死亡如此镇静自若，突然像得了急症一样，脸色变得灰白灰白，头上直冒冷汗，头重脚轻有些站立不住。他心里明白：失败了。从师部到团部，从团部到营部，策划了那么长时间，调动了两个连的兵力，使用了三副铡刀，施展了各种手段，可是结果没有降服这样一个小小少女，确切地说是没能征服一个年轻的女共产党员。在杀害刘胡兰之前，他想通过刘胡兰的"自白"，从而推动这一带"自白转身"，肃清共产党的地下组织，瓦解人民群众的斗志。然而，事实告诉他想错了，现在彻头彻尾失败了。

　　这时已到了下午五点多钟，天色更加阴暗，寒气袭人。阎匪军匆匆忙忙吹号集合，押着金香，在人们的哭喊声中，在人们的咒骂声中，一个个垂头丧气地溜之大吉，完全像从战场上溃退下来的残兵败将一样。

　　刘胡兰英勇牺牲了！

　　这个年轻的农村姑娘，这个普通的共产党员，她用自己的宝贵生命，挫败了敌人的阴谋诡计，保全了地下党组织；她以自己无限美丽的青春，保持了一个共产党员的气节；她用自己的鲜血，抒写了一曲高尚的革命赞歌。她的鲜血洒在了故乡的土地上，但浸润着整个中华大地。她虽然倒在了自己的家门口，但她的光辉形象将永远活在千百万人民的心中。

　　刘胡兰烈士永垂不朽！

　　革命烈士的血不能白流，血债要用血来还。刘胡兰牺牲后不久，我军主力部队开到了文水平川。大象、西社的敌人闻风丧胆,急忙连夜撤走。临走时候连抢劫的粮食,以及扣捕的我方人员都没顾得上带走。金香就是这时才逃出了虎口。

1947年1月30日,我军独立第二旅的一部分队伍进驻大象镇。宣传科一位姓黄的同志听到刘胡兰等七烈士英勇就义的事迹,感动得泪水盈眶,立即把它汇报给了旅首长们。旅首长们派他率领各连七十多名战士为代表前往云周西村祭奠并慰问了烈士家属。祭奠过后,战士们站在烈士们就义的地方,刨了一捧潮湿的土壤,用布包好。他们带着血土,胸中怀着为烈士复仇的火焰,各自回到了连队,发誓要为烈士们报仇。

2月2日下午,总攻文水城的战斗开始。30多人组织成突击队,担负爆破城垣的艰巨任务,参战的爆破组成员中大多数是祭奠过云周西村烈士的战士。他们继承先烈遗志,不怕牺牲,一个倒下去,另一个又冲上去,终于将城垣炸开,形势一下子就有了很大的转变,突击队势如破竹。战斗进行得非常顺利,敌人很快投降。这次战斗,总共生俘阎匪军七十二师政治部副主任兼文水县县长唐剑秋等共1500余人,其中复仇队队长吕德芳被我军击毙,其余凶犯潜逃。

刘胡兰烈士从容就义的事迹,很快在《晋绥日报》上刊登,题目为《17岁的女英雄刘胡兰慷慨就义》(胡兰不满15周岁,当时是以虚岁计算的),同时还刊登了《中共晋绥分局关于追认刘胡兰同志为中共正式党员的决定》,《晋绥日报》并以《向刘胡兰同志致敬》为题,发表了评论文章,对刘胡兰烈士坚贞不屈、视死如归的英雄气概,给予高度评价。

1947年春天,毛泽东同志获悉刘胡兰的事迹后,为刘胡兰亲笔题词:"生的伟大,死的光荣"。毛泽东的题词激励着中华儿女为新中国解放和建设努力奋斗。

1951年，在全国人民大张旗鼓镇压反革命运动中，广大群众到处追查杀害刘胡兰等七位烈士的那些凶手。许得胜、张全宝、侯雨寅等三个匪徒先后落网。1963年当地公安机关查清云周西村农会秘书石五则曾因包庇地主段二寡妇受到过刘胡兰的批评，后被撤销职务、开除党籍，故怀恨在心，一俟阎匪军到来，便将刘胡兰等七人全部出卖。石五则于1963年2月14日被政府枪决，受到应有的惩罚。

新中国成立后，为了纪念刘胡兰烈士，教育人民群众，刘胡兰生前的云周西村改为"刘胡兰村"。

当地在1956年修建了刘胡兰纪念馆，建筑总面积8400平方米，1957年刘胡兰烈士就义十周年时落成并对外开放。

纪念馆建筑以纪念碑和陵墓为中轴对称分布，疏朗壮观，端庄肃穆。走进大门，首先映入眼帘的是宽敞的广场，花坛中央耸立着高大的汉白玉纪念碑，碑的正面，有毛泽东同志的亲笔题词"生的伟大，死的光荣"八个大字，这是对刘胡兰一生崇高的评价，也是对一切革命烈士的光辉赞誉！碑的背面，镌刻着《中共中央晋绥分局关于追认刘胡兰同志为中国共产党正式党员的决定》。碑后是近3000平方米的槽形建筑，正面栏柱中央悬挂着郭沫若所题馆匾"刘胡兰纪念馆"。周围的火炬象征着中华儿女"发扬胡兰精神，献身祖国大业"的信心和决心。

作为刘胡兰烈士昔日的恋人，王根固还到刘胡兰纪念馆，为烈士扫墓，表达爱恋和哀思。

刘胡兰，她以短暂的青春年华，谱写出永生的诗篇；以不朽的精神，矗立起生命的宣言；以她的高贵品格、革命气节、英雄壮举铸就了光照千秋、激励后人的"胡兰精神"。她的精神、她的英名和天地共存，与日月同辉。

凶手结局

1946年下半年，国民党军队对解放区由全面进攻转为重点进攻，阎锡山调集近万兵力对晋中地区进行扫荡，声称要"水漫平川"。阎系七十二师少将师长艾子谦率领3个团兵力坐镇文水县，情况开始日益恶化。当时，中共文水县委出于爱护，曾考虑让刘胡兰随同部分干部转移上山，但刘胡兰得知后，坚决要求留下来坚持斗争。她的理由是自己年龄小，不会引起敌人的注意，并且熟悉当地的情况，便于开展工作。后来组织上批准了刘胡兰的请求，让她留在了云周西村。

一、屠"狗"

阎系部队"水漫平川"后，石佩怀(小名石大成)接受了大象镇阎系乡长的任命，走马上任成为云周西村新一届伪村长。上任伊始，他积极为阎系军队派粮派款，递送情报，瓦解为中共工作的相关人员，群众愤恨地称他为"狗村长"。继续留下来坚持斗争的刘胡兰，通过中共地下交通员把石佩怀的情况汇报给区长陈照德，陈照德又很快把此事汇报给文水县县长许光远，并请示处理办法。许县长下达了处死石佩怀的指令。1946年12月21日晚，在刘胡兰的放哨掩护下，陈照德带着武工队员从西山下来后和共方秘密村长郝一丑等人处死了"狗村长"。

翌日下午，云周西村伪村公所书记张德润，把自己推测的"狗村长"被杀经过报告给了驻大象镇的阎系军队一营，情报内称："石村长被杀，系八路军二区区长陈照德及其弟'鱼眼三'(绰号，大名为陈德礼)和该村女共产党员刘胡兰等共谋杀害。"一营营长冯效翼和副营长侯雨寅闻讯后秘密来到了云周西村。在地主石廷璞家里，张德润向冯、侯二人详细报告了石佩怀被杀经过和村里地主被斗争的情况，并且还报告了共方在村里的干部、积极分子、干部家属的名字，计有：刘胡兰、张年成、石六儿、石五则、张生儿、韩拉吉、梅兰则、金仙儿等。

云周西村共方农会秘书石五则，过去受到过刘胡兰面对面的批评。区党委为了纯洁组织，撤销了石五则农会秘书的职务，并开除了他的党籍。阎系"水漫平川"后，他千方百计投靠敌人。石五则完全从思想上、组织上背叛了党和人民，进行着种种罪恶勾当。

"狗村长"被镇压后，12月26日，大象镇恶霸地主"奋斗复仇自卫队"队长吕德芳和复仇队分队长武金川、白占林带着一帮复仇队员来到云周西村一把火烧毁了陈照德家的房子。敌人走后，刘胡兰把敌人这次暴行的经过和匪徒的姓名，迅速地通过交通员石三槐报告给了区长陈照德。石五则也通过石春义把近几天了解的情况报告给了吕德芳，并且和吕德芳进行了第5次交谈，把云周西村党组织成员名单全部出卖给敌人。

1947年1月8日，天刚蒙蒙亮，吕德芳率领复仇队员和阎系一营二连连长许得胜带着几十个"勾子军"（晋中百姓对阎系军队的鄙称）突然袭击了云周西村。许得胜命令石五则的弟弟石六狼引导"勾子军"到李玉芳家里抓住了石三槐。旋即，石五则也被复仇队分队长武金川、队员韩流八等"绑"了起来，石五则知道这是在演戏，并不慌张。

四闾闾长石长茂，引着4个"勾子军"抓住了民兵石六儿和张生儿，另一伙"勾子军"抓住了韩拉吉。"勾子军"还在地主石廷璞院内吊打了石六儿，但石六儿始终没有吭声。当日下午，石三槐、石六儿、石五则、张生儿、韩拉吉5人被敌人带到大象镇据点。

二、告密

这天晚上，石三槐、石五则等5个人在大象镇武宗祠堂内由吕德芳、许得胜、侯雨寅、孟永安（石佩怀的继任者）等人组成的刑庭上的表现是截然相反的。石六儿和石三槐虽经严刑审讯，但始终守口如瓶。韩拉吉和石五则屈膝投降，供出了村里党员和积极分子的基本情况：妇救会秘书刘胡兰、陈照德、石世芳是共产党员；石三槐是八路军的"公人"；石六儿是八路军的民兵……张生儿在敌人面前也说了他所知道的一些情况。

当晚，一营营部把一份报告送到二一五团团部。报告认为，石佩怀忽被暗杀致死，系该村女共产党员刘胡兰、共方区长冯德照（系陈照德之误——笔者注）及其弟'鱼眼三'等人所为。这个报告被送到二一五团团部后，团长关其华、政治主任夏家鼎、副团长祁永昌、政工秘书李天科等人在文水城内团部召开了政务会议。会上，关其华等人认为最好在大象镇附近做个"典型"：要想在文水县推行政权，建立据点，必须要杀几个人，使当地一般农民及游击队、民兵对阎系部队产生畏惧感，不敢再捣乱。夏家鼎拿着一营的报告宣读后，由李天科根据一营报告，用毛笔给师部写了一份报告，由关其华亲自交给了艾子谦。

艾子谦阅毕报告，与政治主任张称扶商议后亲自下手令："……为了开展地区，建立据点，经师部审核研究，准予将呈报的人处死，以便建立据点，推行政权……"1月11日夜，在大象镇一座四合院北房大厅里一群人围桌而坐，正在讨论对云周西村的共产党采取行动的计划。他们是：阎系七十二师二一五团一营营长冯效翼、一营特派员兼机枪连指导员张全宝（人们一般称其为"大胡子"）、副营长侯雨寅、大象镇"奋斗复仇自卫队"队长吕德芳、新上任的云周西村村长孟永安、一营二连连长许得胜、机枪连长李国卿等。会议决定，第二日拂晓，包围云周西村，采取行动，其具体分工情况如下：李国卿负责警戒，许得胜负责扣捕人，孟永安负责召集全村民众开会，吕德芳负责杀人行刑，张全宝除负责总指挥外还要不惜一切手段，"帮助"刘胡兰"自白"。

以上告密实情及具体的行动安排，当时的人们并不知道，直到1959年9月以后才大白于天下。

三、行凶

1947年1月12日上午，艾子谦、张全宝、吕德芳、许德胜等人率部进入云周西村，封锁了所有路口。石三槐、石六儿、张年成、石世辉、陈树荣、刘树山先后被阎系部队抓到村南观音庙外西侧广场。村里群众大多数也被驱赶到广场上来。刘胡兰见事态紧急，躲在了刚生过小孩的邻居金钟嫂家里，但看到那里已躲了好几个群众，唯恐连累了大家，便义无反顾地去了观音庙广场。复仇队分队长武金川发现了人群中的刘胡兰，要她自白，被拒后和白占林、温乐德一起把刘胡兰从人群中拉出，和其他6个人押在了一起。

大胡子张全宝和许得胜宣布了7人的"罪名"后，要村民进一步"揭发"他们的罪状，但村民们没有一人说话。无奈之下，大胡子把叛徒石五则以及贪生怕死的张生儿、韩拉吉等人叫出来，准备行刑。敌人残忍地杀害了石三槐等人后，刽子手们问刘胡兰是否害怕，是否要"自白"，得到的却是"我死也不屈服，决不投降"的回答。恼羞成怒的敌人用铡刀杀害了年轻的共产党员刘胡兰。

四、惩凶

刘胡兰等7位烈士遭杀害的惨案发生后，全县军民义愤填膺。"解放文水城"、"消灭阎系部队"、"活捉'大胡子'"、"为刘胡兰烈士报仇"等口号响彻汾河西岸。1947年2月2日，王震将军属下的三五九旅攻进了文水县城，阎系部队全部缴械投降。八路军俘获了阎系七十二师政治部副主任兼伪文水县县长唐剑秋、阎系二一五团代副团长张育修以下官兵1500多人。

密谋杀害刘胡兰烈士的主犯之一,大象镇"奋斗复仇自卫队"队长吕德芳,在战斗中化装成一个商人,从文水东庄村向北逃窜,在宜儿村附近被八路军击毙。吕德芳的哥哥,文水县三青团书记、"三料特务"(指国民党、日寇、阎系)吕善卿,经上级批准处决,但推迟到召开刘胡兰烈士追悼会时执行,先由吕梁军区派人押到交城县三道川训练班里。在此期间,看管人员对吕善卿进行了反复审讯,追查刘胡兰惨案中的告密者。吕善卿在俘房中与公安局看守所中均没有看到吕德芳,认为他不是逃走,就是被打死了。为了逃脱罪责,每次审讯时,他都把惨案的阴谋活动推到他弟弟吕德芳身上,说自己不知道内情。1947年夏,公安人员再次对吕善卿进行了审问,他交代了在太原和文水的特务活动,同年秋被镇压。

白占林、武金川、石喜玉、温乐德最初都是村里的民兵,在环境恶劣时,投敌叛变,当了复仇队员,1947年1月12日随敌回村,公开抓人、打人、杀人。大象镇复仇分队长武金川,2月5日在大象镇被逮捕,当天下午,被押到云周西村。燃烧着为烈士复仇火焰的云周西村群众,在刘胡兰烈士就义处,把这个罪大恶极的刽子手镇压。在大庙前人群中带走刘胡兰的复仇队分队长白占林,2月18日被大象镇民兵在保贤村扣捕,押解到神堂底村交给公安部门,在中庄村被镇压。复仇队员温乐德1951年被依法管制。

石喜玉被捕后,被押送到文水公安局。在审讯中,他不承认曾被抓到大象镇后见过吕善卿,更不承认出卖刘胡兰的罪行,说随敌回村打人、杀人是被迫的。因为没有更多的确实证据,1948年春经县委书记、县长批准,石喜玉被取保释放。

云周西村村长孟永安,1947年1月12日随敌回村,担任残杀人民大会的主席。1947年7月,他从清徐煤矿被追捕回来,后病死在监狱中。屠杀7

烈士的阎系帮凶韩拉吉，因和伪乡公所指导员争风吃醋，1947年12月被敌打死。阎系二一五团团长关其华，一营营长冯效冀，在1948年6月21日的介休"张兰战役"中被解放军击毙。

五、捕"漏"

新中国成立后，制造和参与刘胡兰惨案的凶手，还有一批漏网在逃，人民并没有因为这笔血债的部分参与者被惩而停止对案情的进一步调查。

与文水县东边毗邻的祁县是晋中平原上的一个富庶大县，贾令镇是祁县的一个大镇，镇上有家"万和堂"药铺。1948年祁县县城解放后，"万和堂"药铺新来了一个炊事员。此人虽然烹调手艺不怎么出色，但老实、勤快，不善言谈，见人面带微笑，毕恭毕敬。

1950年3月，中共中央发出了《关于严厉镇压反革命的指示》，各级政府按照中央指示，对各类反革命分子进行了镇压和清算。"镇反"运动开始后，在云周西村召开的农民控诉会上，一位农民谈到，他在祁县贩枣时见到一个人，很像杀害刘胡兰等烈士的首凶许得胜。在场采访的新华社山西分社记者吴钢听后，认为这是全国人民十分关心的大事，调查如有进展可以密切配合全国镇反运动的进行。他当即在公安部门的协助下，驱车赶赴祁县进行深入调查。原来，贾令镇"万和堂"药铺那位炊事员，正是阎系七十二师二一五团一营二连连长许得胜。许得胜参与屠杀刘胡兰等烈士后，因为杀人有"功"，不久被提升为营长。1947年2月2日，文水县城解放时，他逃回原籍祁县武乡村继续作恶。1948年，祁县县城解放，许德胜逃至贾令镇，潜伏在"万和堂"药铺当了炊事员。经群众检举揭发，1951年公安部门将许得胜拘捕，4月4日在祁县武乡村许犯被枪决。

1947年2月，杀害刘胡兰等7烈士的首凶"大胡子"张全宝在"交城战役"中被击伤，在医院住了5个月，出院后任阎系亲训师一团五连少尉指导员。1948年6月在介休"张兰战役"中，又被人民军队击伤。1949年3月，张全宝又跑到太原追击师三团五连当上了上尉连长。4月24日，太原解放，张犯被俘。他被送到华北军区教导团二团训练了3个月，7月间，转察哈尔农垦大队劳动改造。

张全宝深知自己罪恶严重，化名为张生昊，隐瞒了杀害刘胡兰等7烈士的历史，1950年7月25日被释放。8月1日，张全宝回到了原籍运城县运城镇卫家巷。他弄掉了惹人注意的胡子和腮上长着长毛的黑痣，摆了一个纸烟摊子，做起了小买卖。1950年冬，歌剧《刘胡兰》在运城上演，引起的反响盛况空前，街头巷尾，人们都在谈论着女英雄刘胡兰的故事。在街头摆纸烟摊的张全宝，听着人们的议论，吓得心惊肉跳。没等太阳落山，他就早早收摊，回到家匆匆吃了饭，照着镜子打扮起来。他先把两腮刚刚露出黑茬茬的胡根刮了两遍，胖胖的脸显得一片青白。然后，他穿上一件棉大衣，头上戴顶带耳棉帽，用大口罩包住大半个脸，又戴了一副茶色眼镜。天色渐渐黑了，张全宝向戏院走去。

歌剧《刘胡兰》连演数场，场场爆满。张全宝低头挤进人群，躲在剧院最后面，胆战心惊地看完全剧。回家躺在床上，张全宝脸上露出一丝笑意。原来，歌剧中屠杀刘胡兰等烈士的大胡子叫"许连长"——许连长就是许得胜，编剧也弄不清楚事实的真相了——看来这一关又躲过去了。

张全宝高兴得太早了。镇反运动开始后，被关押在山西省万泉县公安机关的阎系七十二师二一五团一营机枪连文书王连成和二一五团二营副营长傅永清，在党的政策感召下，检举出张全宝躲藏在运城的线索。1951年5月8日，运城县公安局公安人员包围了张犯的住宅。公安人员破门而入，将其抓获。运城县公安局把张犯转押到万泉县公安局。经过万泉县公安机关多次审讯，张全宝供认了密谋和杀害刘胡兰等7烈士的全部事实。

侯雨寅也是杀害刘胡兰等烈士的凶手之一。1947年2月1日，在交城县的西岭、东社战役中，侯雨寅被八路军交文支队擒获，被押送到吕梁九分区联络部训练大队受训。他隐瞒了密谋杀害刘胡兰等7烈士的全部经过，于3月16日被释放，回到原籍程山县宝泉庄。1950年秋，晋南稷山县一伙反革命分子串联地下组织"汾南游击队"，阴谋暴动，妄图颠覆人民政权，侯雨寅亦参加到其中，自命为"大队长"。正当侯雨寅做着颠覆人民政权美梦的时候，1951年5月11日，他被程山县公安局逮捕，当晚又被押解到万泉县公安机关。在审讯中，尽管他百般狡猾，但在确凿证据前，终于不得不承认了自己所犯下的罪行。

1951年6月22日下午，绿杨夹道的文(水)祁(县)黄土路上，驶来一辆双套骡子大车。车上三四个公安人员押着两个凶犯，车两旁还跟着七八个公安民警，双手紧握步枪，威武雄壮。马车前盘上，捆着小个子侯雨寅，张全宝则被捆在车厢里。经过公审，二人被就地枪决。

六、追叛

1958年9月，在湖南省工作的陈德邻(陈照德的六弟，当时任湖南省吉首县委组织部长)和其他受难者家属，向公安机关检举了石五则过去的可疑表现。公安机关根据检举的材料，进行了严密的侦察。同年12月，公安人员来到云周西村，依靠广大群众的检举、揭发，获得了新的材料。12月19日，文水县公安局将调查结果送汾阳县政法办公室(当时文水、汾阳、交城合并为汾阳县)。12月30日，公安机关又送去一份补充材料，政法办公室搁置了这些材料未及时予以处理。

1959年6月，中共山西省委书记处书记、副省长郑林来云周西村视察工作时，指示政法机关迅速处理这一案件。县委书记召集有关人员做了研究，并呈报地委。地委研究后，派出得力干部用了两个月的时间在10个主要地区(如旅顺、太原等)进行侦察,进一步澄清了部分案情,石五则等三人成为重点调查对象。

1959年9月,文水县公安人员在云周西村逮捕了石五则、张生儿、石喜玉。翌年8月,公安局又逮捕了书写告密材料的张德润。公安部对此案非常重视,指示组织省、地、县联合专案组,并要求山西省公安厅一定要把此案彻底查清。1960年5月30日,联合专案组到达文水后进行了为期半年多的调查,终于搞清楚了石五则、韩拉吉和张生儿"告密"的全部真相。

石五则为人阴险狡猾,公安机关曾在1947年10月怀疑他出卖刘胡兰而将他扣捕。当时,由于他未承认出卖刘胡兰的罪行,又因当时文水城被敌人占据,党政军民一致对敌,没有来得及进行周密的侦察,未获足以证明其罪恶的确切证据,1947年12月23日石五则被暂时释放。石五则回村后,为了掩盖罪恶真相,嫁罪于人,向别人大肆宣传说,石三槐把什么都暴露给"勾子军"了。在威严的法庭上,尽管石五则装聋作哑,百般抵赖,在大量的证据面前,他不得不承认了自己的所作所为。

张生儿对他参与杀害刘胡兰等7烈士的罪恶事实供认不讳,1962年被判处有期徒刑10年。石喜玉亦承认自己充当帮凶的杀人事实,被判处死刑。大象镇复仇队员、逮捕刘胡兰烈士的温乐德,1959年12月23日在大象镇被捕,1962年被判处有期徒刑7年。

逮捕在案和由外地解押文水监狱的罪犯有:原阎系七十二师政治部主任张称扶、二一五团政治主任夏家鼎、政治室秘书李天科、一营机枪连连长李国卿、一营二连三排排长申灶胜、一排排长牛志义等人,他们都得到了应有的制裁。阎系二一五团一营二连四排排长李保山1960年7月21日畏罪自杀。

1963年2月14日,石五则被文水县人民政府枪决。至此,刘胡兰等7烈士惨案的侦破和处理工作全部结束。

光芒永在

刘胡兰壮烈牺牲的消息，最早是新华社吕梁分社记者李宏森采写后，以《17岁（指虚岁）的女共产党员刘胡兰慷慨赴义》为题，用"新华社吕梁4日电"，发往全国各解放区报纸的。

当时，正值人民解放战争进行得如火如荼的时期，阎锡山到处制造白色恐怖，疯狂地进行垂死挣扎。

那时候的云周西村，号称"小延安"，因为这里的革命气氛浓厚，老百姓非常拥护共产党。当时我军但凡在这个村子与敌人交锋，基本没有吃过败仗。革命年代的云周西村，老百姓的觉悟普遍较高，在这种环境熏陶下的刘胡兰，性格变得刚强、倔强。刘胡兰，原名刘富兰，1932年10月8日出生于山西省文水县的一个中农家庭。母亲早亡，父亲刘景谦续娶胡文秀为妻。继母积极投身于妇救会工作，并非常支持刘胡兰参加革命。刘胡兰8岁上村小学，10岁参加儿童团。1945年10月，刘胡兰参加了中共文水县委举办的"妇女干部训练班"。学习了一个多月，回村后她担任了村妇女救国会秘书。目睹了众多发生在身边的英雄事迹后，年幼的刘胡兰曾语出惊人，"要死也要那样死"。随着年龄的增长，刘胡兰越来越积极地投入到轰轰烈烈的革命当中。1946年5月，刘胡兰被调任第五区"抗联"妇女干事，6月加入中国共产党，成为候补党员，当时她才14岁。1946年秋天，阎匪军开进了村子。为避免损失，村里的党员干部们都向山上转移，刘胡兰也在撤退名单之内，但是考虑到自己年龄小易于隐蔽，她决定留下来。

1947年1月12日，文水县云周西村被笼罩在一片血雨腥风中。由于叛徒的出卖，阎锡山军阀某连与地主武装包围了云周西村，乡亲们被赶到了村里的大榆树下，刘胡兰和其他烈士当时都在人群中。阎军头目张全宝抓到了刘胡兰和其他6个人。他看刘胡兰年纪非常小，又是共产党员，便想从刘胡兰口中得到他想知道的东西。刘胡兰镇静地把奶奶给的银戒指、八路军连长送的手绢和作为入党信物的万金油盒这三件宝贵的纪念品交给继母后，被气势汹汹的敌人带走。刘胡兰在威逼利诱面前不为所动。敌人万般无奈，只好提出"只要你说以后不再为共产党办事了，今天就可以活下来"。可刘胡兰的回答是"那可办不到"。她被气急败坏的阎军带到铡刀前亲眼看着阎军连铡了几个人，革命同志的鲜血流淌在地上……面对阎军的暴行，她大义凛然地怒问一声："我咋个死法？"匪军喝叫"一个样"后，她自己坦然躺在了刀座上。刘胡兰烈士牺牲时，尚未满15周岁。

刘胡兰等人壮烈牺牲后不久，新华社吕梁分社记者李宏森随人民解放军某部挺进文水县阎战区。当他听到云周西村这一流血大惨案后，立即赶到云周西村，以沉痛的心情含着眼泪，向知情的陈照德、石世芳等区干部和村民做了详细采访，很快写完报道刘胡兰等人英雄事迹的文章。此文经新华社吕梁分社负责人审定后，向新华社晋绥总分社发了两条消息：一是《刽子手阎锡山屠杀文水人民，云周西村农民多人惨死于阎军铡刀铁蹄之下》，二是《只要有一口气活着，就要为人民干到底——女共产党员刘胡兰慷慨就义》。后一稿用400多字，既颂扬了刘胡兰面对凶恶的武装阎军顽强斗争、坚贞不屈、视死如归的共产党人的优良品质，又揭示了阎军惨无人道的罪行。这两条消息，经过晋绥总分社编辑修改后转发新华总社。总社分别于1947年2月3日、4日两天向全国解放军各报发了通稿。延安《解放日报》和《晋绥日报》于1947年2月5日刊登了新华社播发的这两条消息。第二天，《晋绥日报》又详细刊登了关于刘胡兰英勇就义的有关报道，同时还配发了一篇题为《向刘胡兰同志致敬》的评论，号召全国人民、全体共产党员向刘胡兰同志学习，为争取祖国的独立、和平、民主而奋斗。

李宏森随军所在部队的旅首长得知刘胡兰等被害的消息以后，当即派出宣传科干事黄绍基和70多名战士为代表，赶到云周西村追悼刘胡兰烈士。他们慰问了烈士的家属，察看了烈士就义的地址，天寒地冻，烈士的鲜血和泥土凝固在一起，地上还有沾满血迹的干草。战士们沉痛地跪倒在地，每人抓起一块渗透着烈士鲜血的土块，用手绢、毛巾包起来，放进胸前的衣袋里，高呼："我们要带着烈士的血迹，替刘胡兰妹妹报仇，讨还血债！"2月2日下午，在解放文水县城的战斗中，冲杀在最前面的30多人组成的突击队里，大部分是到过云周西村参加追悼刘胡兰烈士的代表。他们在战前各个连队召开的战斗动员会上，讲刘胡兰遇难的经过，报名参加突击队，决心以实际行动坚决更快地消灭敌人，替烈士报仇。

歌剧《刘胡兰》上演。

董小吾是晋绥军区战斗剧社"土改宣传队"的队长。1947年2月，剧社随晋绥独立二旅在文水县开栅镇驻扎。离此不远的文水县云周西村出了一件国民党屠杀地下党员的恶性事件：因为云周西村的群众经常给八路军运军粮、送军鞋、抢救伤员、掩护干部，国民党阎锡山部队伺机破坏这里的地下党组织。"刘胡兰同志壮烈牺牲"的消息很快传遍了解放区。

就在刘胡兰牺牲7天后，在武装人员的保护下，战斗剧社立即派成员魏风赶赴云周西村进行调查了解。经过魏风整整7天的调查，刘胡兰牺牲时的情况逐渐清晰，很快（即仅在刘胡兰牺牲后的22天内）就写出了一个五幕话剧《刘胡兰》剧本，排练出来后演出效果非常不错。刘胡兰的妹妹刘爱兰在姐姐牺牲后毅然参军，起先就在这个战斗剧社。

据说，此剧在为解放文水的参战部队演出时，演到敌军连长要用铡刀铡死刘胡兰这一段情节时，台下群情激愤，有个战士甚至突然推上子弹，对准敌连长扮演者就要开枪，幸亏旁边的几个同志及时阻拦才未出事。

后来，董小吾等又受当时歌剧《白毛女》的启发，决定将五幕话剧《刘胡兰》排练成歌剧。

1948年初，战斗剧社随部队从晋绥根据地向南来到了山西吉县的一个村子。在这里，战斗剧社成立了由魏风、董小吾、刘莲池等人组成的创作组，开始创作歌剧《刘胡兰》。

在编写、演出过程中，贺龙指示：刘胡兰是"中国的卓亚"，战斗剧社一定要编好、演好刘胡兰。

为了尽快创作出新的剧本，董小吾等人白天演出，晚上就趴在老乡家的小炕桌上突击写剧本，一写就是一夜，第二天早晨继续讨论。就这样，他们几乎每天写一场，仅用7天时间就将剧本写好了。剧本写好后，董小吾等人又很快投入排练。当时村子里的老百姓都来看排练。当排练到刘胡兰被杀害这场戏时，在一边看的老百姓就开始哭，演员们也开始哭，作为《刘胡兰》一剧的导演董小吾也开始哭。

在吉县排练了几天后，董小吾等人又来到了山西省河津县继续排练并准备进行首场演出。歌剧《刘胡兰》的首场演出在山西省河津县。万万没有想到首场演出会那样成功。演出时，台下的观众像疯了一样，特别是战士们不停地高呼"为刘胡兰报仇"！首场演出后，战士们纷纷请战，群众哭个不停。

在河津县演出获得成功后，《刘胡兰》剧组又随军渡过黄河来到陕西，为战斗在一线的解放军战士演出。董小吾清晰记得，那次，一直不爱看戏的彭德怀副总司令坐在他的身边，坐在一根木头上，看完了整个歌剧《刘胡兰》。彭老总一边看一边不停地擦着眼泪。彭德怀在第二天散步时还专门把他们几个主创人员叫了过去，对他们说："昨晚这个戏很好，就是要排这种鼓舞战士士气，增加战斗力的好戏，这就是文艺工作者对解放战争最大的贡献。"

歌剧《刘胡兰》前前后后共演出了100多场，主要是在战役打响之前给战士们演出，效果非常好，战士们往往都高喊着"为刘胡兰报仇"义无反顾地冲向战场。严寄洲当时演大胡子连长。在一次演出中，一位战士突然站起来用枪指着正在演出的严寄洲要向他开枪，好在被制止了。为了保证演员的安全，董小吾在每次演出前的讲话中都会告诫大家，让每个战士都检查一下枪中是否有子弹，避免发生意外。

更具戏剧性的是，当歌剧《刘胡兰》在山西运城演出的时候，当年杀害刘胡兰的首凶"大胡子"张全宝就是在演出现场暴露并落入法网的，后于1951年6月24日被处决。

毛泽东先后两次为刘胡兰题词。

1947年1月中旬，中共中央西北局成立了一个"延安各界慰问团"，前往山西孝义、汾阳、文水、交城一带慰劳与山西军阀阎锡山军队作战并获得重大胜利的中国人民解放军王震纵队和陈赓纵队（两个纵队共9个旅）。慰问团由延安各界和各单位代表组成，其成员有崔田夫（陕甘宁边区工会）、吴满有（农民、劳动英雄）、张喜林（延安商会）、白凌云（陕甘宁边区妇联）、孙君一（中央西北局）、黄静波（陕甘宁边区政府）、霍仲年（陕甘宁边区参议会）、孟洁（陕甘宁边区联防司令部）、缪海棱（新华社）和张仲实（党中央直属机关）10人以及陕甘宁边区政府工作人员9人。崔田夫担任团长，张仲实和黄静波为副团长。1947年1月13日，慰问团携带慰劳品（猪羊肉和慰问信）从延安出发，17日到宋家川过黄河进入山西，20日从吴城开始活动，到3月7日结束，历时47天，跑遍了离石、孝义、汾阳、文水、交城等地，对我军王、陈两个纵队所辖旅部、团部、营部以及驻在各地的连队、伤兵、医院进行了广泛的慰问。

2月4日至18日，副团长张仲实（马克思主义理论家、翻译家、出版家）同慰问团成员在文水县活动期间，从《晋绥日报》上看到刘胡兰英勇就义的事迹后，十分感动，当即向吕梁区党委副书记解学恭了解刘胡兰被捕就义的详情，并派慰问团成员缪海棱和白凌云深入到云周西村调查了解情况。缪海棱和白凌云在云周西村了解到刘胡兰生前是个优秀的共产党员。他们还辗转找到了当时被阎匪胁迫参与行刑铡杀刘胡兰的两个人，这两人提供了刘胡兰最后就义时的详情。刘胡兰是这样对敌人说的："只要有一口气活着，就要为人民干到底！"接着，气急败坏的阎匪当着她的面将逮捕的6个农民铡死，企图以此威慑刘胡兰。但刘胡兰面不改色，她痛斥万恶的敌人，最后从容地躺在了敌人的铡刀下，厉声说道："死有什么可怕？铡刀放得不正，放正了再铡！"

了解到刘胡兰烈士英勇就义的详情后，张仲实又让白凌云等人前往云周西村慰问了刘胡兰的双亲。同时，慰问团表示积极支持吕梁地区党委将刘胡兰作为人民英雄来纪念的决定。他们向吕梁地区建议，应将刘胡兰作为在党内进行气节教育的榜样。解学恭对张仲实说，吕梁地区决定在刘胡兰烈士墓前立一个石碑，希望张仲实为烈士墓撰写碑文。但张仲实谦虚地认为自己写不合适，表示"等我回到延安向党中央领导同志汇报后，请中央负责同志写"。

1947年3月中旬，延安各界慰问团完成任务解散后，张仲实回到陕甘宁边区子长县（瓦窑堡）东吴家寨子。过了几天，毛泽东、周恩来、任弼时等也从延安来到这里。张仲实向任弼时汇报了延安各界慰问团的活动经过和刘胡兰英勇就义的详情，以及吕梁区党委要求党中央为刘胡兰烈士题词的意见。张仲实说："最好请毛主席写个匾，或题几个字。"任弼时答应将其意见转报毛主席。

1947年3月26日，毛主席听取任弼时的汇报后，对刘胡兰的英雄事迹十分敬佩，深受感动，心情也非常沉痛。据耳闻目睹当时情景的卫士长李银桥回忆说：当时，主席轻声念着："刘胡兰！刘胡兰！"两眼湿润地长叹一口气，挥笔疾书，题写了"生的伟大，死的光荣"8个刚劲有力的醒目大字。

题词稿送达文水县后，因战争关系不慎遗失。同年，中共中央晋绥分局于8月1日作出了追认刘胡兰烈士为中国共产党正式党员的决定。吕梁地委通知各级党组织，将有关刘胡兰同志的英雄事迹印成专册，作为党组织的学习材料，号召全体党员学习刘胡兰的革命精神，为无产阶级革命事业英勇奋斗。

1956年12月，共青团山西省委作出纪念刘胡兰逝世10周年的决定，并编写了宣传提纲。12月底，共青团山西省委恳请毛主席为刘胡兰烈士重新题词，中共中央办公厅将此报告呈交给毛主席。

1957年1月9日，毛主席第二次为刘胡兰亲笔题写奔放道劲的"生的伟大，死的光荣"8个大字，落款是毛泽东那洒脱的字体："毛泽东题"4个字。

这是一幅没有落笔年月日具体时间的题词，为的是体现"重写"的含意。这幅题词于1月12日早晨送到云周西村刘胡兰烈士陵园。

毛泽东于不同的年代为一个人两次题写同样内容的词，这在党的历史上还是绝无仅有的。

本书编写过程中参考了马烽所著长篇传记文学《刘胡兰》、电影《刘胡兰》以及众多相关网络资料。在此一并表示致谢！——作者

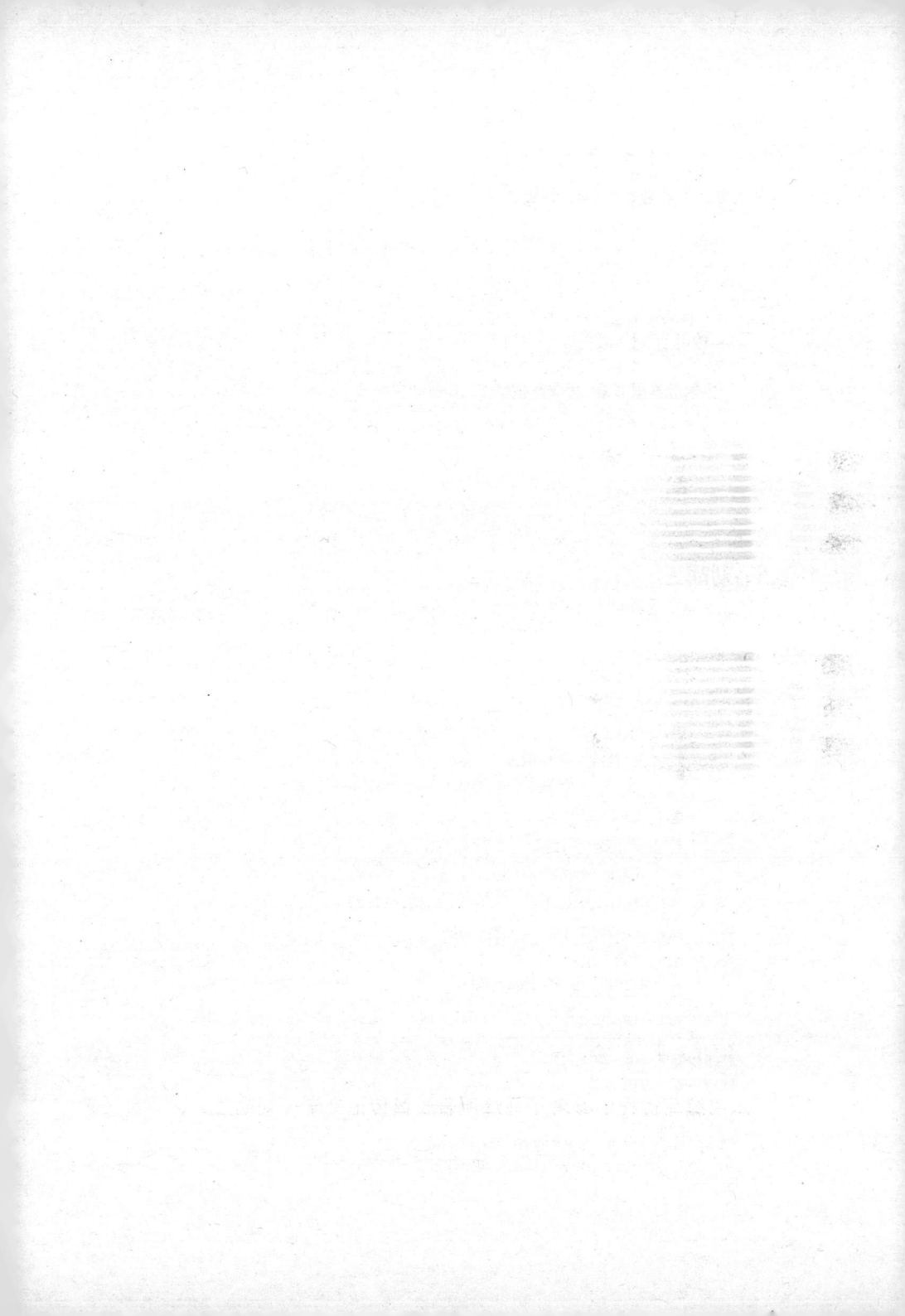

图书在版编目（CIP）数据

刘胡兰 / 朱强编著. -- 南昌：百花洲文艺出版社,2012.9
ISBN 978-7-5500-0400-9

Ⅰ.①刘… Ⅱ.①朱… Ⅲ.①刘胡兰（1932～1947）
– 传记 Ⅳ.①K827=6

中国版本图书馆CIP数据核字(2012)第221127号

刘胡兰

朱 强 编著

出 版 人	姚雪雪
责任编辑	涂 华 张 越
美术编辑	赵 霞
制 作	朱桃红
出版发行	百花洲文艺出版社
社 址	南昌市红谷滩新区世贸路898号博能中心A座20楼
邮 编	330038
经 销	全国新华书店
印 刷	江西千叶彩印有限公司
开 本	787mm×1092mm 1/16 印张 11.25
版 次	2017年5月第1版第2次印刷
字 数	150千字
书 号	ISBN 978-7-5500-0400-9
定 价	19.00元

赣版权登字 05-2012-116
版权所有，侵权必究

邮购联系 0791-86895108
网 址 http://www.bhzwy.com
图书若有印装错误，影响阅读，可向承印厂联系调换。